LE MARTYRE DE SAINT SEBASTIEN

MYSTERE COMPOSE EN RYTHME FRANÇAIS PAR GABRIELE D'ANNUNZIO ET JOUE A PARIS SUR LA SCENE DU CHATELET LE XXII MAI MCMXI AVEC LA MUSIQUE DE CLAUDE DEBUSSY.

A PARIS
CHEZ CALMANN-LÉVY, ÉDITEURS

Il a été tiré de cet ouvrage

CINQUANTE EXEMPLAIRES SUR PAPIER DE HOLLANDE

tous numérotés.

LE MARTYRE DE SAINT SÉBASTIEN

MYSTERE COMPOSE EN RYTHME FRANÇAIS PAR GABRIELE D'ANNUNZIO ET JOUE A PARIS SUR LA SCENE DU CHATELET LE XXII MAI MCMXI AVEC LA MUSIQUE DE CLAUDE DEBUSSY.

A PARIS
CHEZ CALMANN-LÉVY, ÉDITEURS

Droits de reproduction, de traduction et de représentations
réservés pour tous les pays.

Copyright, 1911, by Calmann-Lévy.

La partition de M. Claude Debussy
est en vente chez
MM. Durand et Cie, 4, place de la Madeleine, Paris.

A MAURICE BARRÈS

Un jour d'été, au pays des Marses, en ma terre d'Abruzzes, j'écoutais sous le portail d'une église un charmeur de serpents jouer son air magique sur un os de cerf à cinq trous qu'un ancêtre avait retrouvé, parmi des cendres, des verroteries et des orges, dans un de ces sauvages sépulcres qui sont les milliaires de la route romaine. C'était le dernier descendant d'une lignée sacerdotale qui de siècle en siècle avait fourni à la citerne du Sanctuaire les couleuvres sacrées. Seul il connaissait le « mode » que ses aïeux lui avaient transmis avec la flûte et avec la vertu. Au son du charme, la gent reptile s'agitait dans le sac de cuir en forme d'outre, suspendu à la dure épaule marquée du signe tutélaire. Et, dans le tremblement de la splendeur et de *mon ressouvenir, je découvrais sur la montagne dangereuse comme le promontoire de Circé la citadelle ruinée des rois devins ; et j'entendais le vent bruire dans les mêmes herbes que les magiciennes marses avaient broyées pour les matrones de Rome ; et je sentais refluer du fond d'un exil infini, sur les oliviers et sur les rochers, la mélancolie du despote macédonien qui mourut captif dans la forteresse ardue. Et il me semblait de rentrer dans ma patrie primitive, avec une âme plus vaste que toutes mes pensées ; et les notes grêles de la flûte funèbre me semblaient accompagner ce chant immortel des morts que tant de fois vous avez écouté à travers la plaine messine, ou dans le souffle léger de la rivière lorraine, ou sur la hauteur de Sainte-Odile entre la muraille druidique et le castel latin.*

Or le linteau du portail, sur ma tête, montrait l'empreinte de l'art roman du Languedoc. Ses rinceaux entremêlés de figurines rappelaient les chapiteaux du cloître de la Dalbade toulousaine. Des cannelures étaient creusées comme celles des socles chartrains ; des moulures étaient traitées comme par le ciseau cistercien.

La pierre noircie évoquait confusément les conquérants de la Pouille, les maîtres d'œuvre venus avec les chevaliers de Chypre, les colons français de l'Orient, tout un tumulte de puissances et de fatalités admirables.

Je retrouvai quelques couleurs de ma rêverie, plus tard, sous les voûtes impériales de Castel del Monte ; puis dans la chapelle palatine de Monreale illuminée, non par l'or des mosaïques, mais par le cœur du Saint roi ; puis encore devant le tombeau de la reine Isabelle à Cosenza, où une pensée de l'Ile de France habite le front bombé de la Vierge que la gradine d'un tailleur d'images instruit à Saint-Denis travailla dans le tuf de Calabre.

Vous connaissez l'émotion du bon ouvrier devant la qualité de la matière. Pour moi, je ne voudrais d'autre éloge que la parole de Francesco Francia dans l'acte de palper la statue de Jules II : « Questa è una bella materia. » *On sait que Michel-Ange se fâcha et répondit avec aigreur. Toutefois, que n'aurait-il donné pour un bloc de marbre grec couleur de froment! Je songe à mon délicat Laurana, quand il vint travailler dans votre Lorraine et* qu'il s'enquit du grain de votre pierre. Je songe à ces Juste qui se francisèrent comme Jean Bologne s'italianisa. Il me plaît d'imaginer que le « pasteur d'éternelle mémoire » Joachim du Bellay, loin des nymphes angevines, quand il renonça au parler de France pour louer la gorge de la blanche Romaine, fut tenté par la mélodie de Pétrarque mais n'eut pas assez d'audace pour la moduler. Un plus joyeux voyageur, Rabelais, dédaignant les lauriers capitolins, pourvut de toutes sortes de salades papales les potagers de Geoffroi d'Estissac, les plus beaux qui fussent en Poitou.

Qu'on me pardonne si, plus aventureux, j'ai voulu pour une fois me donner le plaisir magnifique de travailler avec mes outils les plus aiguisés une belle matière d'outre-monts.

Dirai-je que j'ai travaillé sans aide? Ma Muse nouvelle paraissait avoir le visage ardent et mélancolique de Valentine Visconti, duchesse de Touraine, dans la miniature de l'Apparicion de maître Jehan de Meun. En commençant mon

Mystère, j'aperçus dans une lueur de présage la Milanaise sur son palefroi richement harnaché s'arrêter devant le Châtelet pour voir la sainte Allégorie représentée « *par signes et sans paroles* ». En traitant de ma main la plus légère les rondels des offrandes, je me rappelai que Charles d'Orléans, le poète tout semblable à un pêcher couvert de fleurs roses et de givre cristallin, était né de cette Grâce lombarde. Elle berçait aussi sur ses tendres genoux le fameux bâtard qui devait se nommer Dunois pour la gloire, après avoir brillé dans la lumière de la Pucelle. Alors, entre arc et flèche, je me rappelai aussi que Jehanne à Compiègne avait avec elle une mince compagnie d'archers italiens commandée par Bartolomeo Baretta, quand auprès du pont l'archer picard la tira à bas de son cheval par la huque de velours d'or. Et je dis un jour à la Fille malade des fièvres: « *Je vous enverrai, ma fille brûlante, à Domremy, sous le hêtre nommé le Beau May, vous baigner dans la fontaine des Groseillers où les fiévreux obtiennent guérison.* » Mais elle répondait toujours: « *Je ne veux pas être guérie.* » Et alors j'entendais la voix de Valentine, infati-

gable à aimer, à souffrir et à se ressouvenir : « Plus hault. »

Je vous avoue que, quand l'œuvre fut achevée, je fis vœu d'aller pèlerin à Chartres pour remirer les belles verrières et pour déposer le manuscrit inconnu, non sur l'autel, à la grâce de Dieu, — comme autrefois les pauvres filles chartraines en usaient avec leurs enfants malheureux — mais à l'angle méridional de l'église où est sculpté « l'âne qui joue de la vièle ». Réconfort du printemps ! Je n'avais jamais vu un ciel plus ample ni plus indulgent sur une plus silencieuse fécondité. La toute verte Beauce tremblait de douceur comme un seul fil d'herbe; et aux branches des pommiers fleuris les nuages paraissaient se retrousser comme de molles traînes aux mains vives de femmes prêtes à une estampie ou à une reverdie.

    « Bele, dont estes vos nee ? »
    « De France sui la loee,
    du plus haut parage.
    Le rossignox est mon père... »

Alors, en découvrant les deux flèches de pierre qui semblent percer le cœur même de l'Eternel, j'eus la foi du bon maître verrier qui pour la soudaine beauté de son œuvre transparente espère le rayon du soleil de Dieu.

Voici donc le livre, sauvé et pardonné. Je vous offre mes vers de France parce que j'aime vos proses d'Italie, mon cher Maurice Barrès. Ce poème composé dans le pays de Montaigne et de la forte résine, je vous le dédie parce que vous avez trouvé vos cadences les plus mélodieuses à Pise, à Sienne, à Parme, dans le sépulcre de Ravenne, dans les jardins de Lombardie. Mon Sébastien — que j'ai dessiné ayant sous les yeux cette plaquette d'Antonio del Pollaiuolo, où un svelte centaure domine du poitrail les archers à deux pieds — mon Sébastien parle, quelque part, du tendon de bête qui s'ajuste au fût de son arc doublé et qui s'y colle de façon à ne faire qu'un avec lui. Je pense au nerf animal dont se double la spiritualité de votre art. Je pense aussi, devant certaines de vos paroles, à ces divines abeilles prises dans l'ambre claire, qu'un de mes humanistes semble avoir célébrées en l'honneur de votre Muse dans un épigramme votif.

Aucun ne pourra, certes, comme vous, comprendre le singulier plaisir que me donnèrent ma hardiesse et un si haut danger. Un soir, aux approches de Sparte, en vue du Taygète et de l'Eurotas, un seul mot rayonna sur l'héroïsme de votre esprit : « le plus beau de l'Occident ». Il y a un autre mot de la grande espèce latine, qui ne me semble pas moins beau, puisque je veux le voir toujours coloré de mon meilleur sang et du sang de mes pairs : l'intrépidité.

Gabriele d'Annunzio.

ICI COMMENCE

LE MYSTERE

DE SAINT SEBASTIEN

LE MESSAGER commence :

Le Dieu qui fict le firmement
Et volsist naistre purement
De la noble Virge Marie
Veuillie garder la compagnie.

Au Nom de Dieu omnipotent
Et des martyrs ensemblement
Entrepris auons le mistayre
Du pieux chiuallier debonayre
De saincte vie et bon maintien
Qui fust vray martir sans le tayre
Cest Monsieur Sainct Sebastien
Duquel par son tressaint moyen
Verres jouer en ceste place
De sa vie tout lentretien
Moyen de Jesuschrist la grace.

L'ystoire de monseigneur Sainct Sebastien *jouée par les habitants Lanlevillar l'année courant* M. V. LXVII *au moys de may.*

NVNCIVS.

Douces gens, un peu de silence !

Soyez recueillis en présence
de Dieu, comme dans la prière :
car vous connaîtrez, par mystère,
ici la très sainte souffrance
de ce Martyr adolescent
qui puise à jamais sa jouvence
dans la fontaine de son sang.
Par les Clous, l'Éponge et la Lance,
très humblement nous vous prions.
Béni soit-il, qui se taira

et devant lui regardera
« sans faire noyse ne tensons ».
Entendez, douces gens, les sons
qui meuvent dans vos cœurs le rêve,
avant que le voile se lève
sur ce rouge amour infini.

Au nom de Monseigneur Denis,
au nom de Sainte Geneviève,
par qui vos péchés sont bannis,
(« Dieu Père et Filz et Sains Esperis
gart les habitans de Paris ! »)
nous vous prions très humblement
que vous vouliez, en écoutant,
vous souvenir de ce Miracle
où la patronne secourable
de la cité, la claire vierge,
voit le démon éteindre un cierge
d'un côté, pendant que de l'autre
l'ange sans tache le rallume.
Seule, entre la mèche qui fume
et celle qui ard, jusqu'à l'aube

l'âme blanchit dans la prière.

L'artisan de ces cinq verrières,
consacrées à Sébastien
par sa Confrérie, se souvient
de son démon et de son ange.
Quand il colorait la louange
du bel Archer avec la flamme,
pour le remède de son âme,
comme un maître verrier de Chartres,
de Bourges, de Reims ou de Tours,
parfois il voyait tour à tour
l'un de ses puissants fourneaux ardre,
l'autre fumer et s'obscurcir.
Et il priait : « O Art de France ! »
sentant trembler son espérance
dans le souffle de son désir.
Et il rêvait : « Si j'ai le sort
du pèlerin de Compostelle,
si l'on me pend ou m'écartèle,
qui soutiendra mon pauvre corps
de ses mains saintes pour le rendre
sain et sauf à mes compagnons?

Ne vaut-il pas seul, pour la grâce,
le Très-Haut Amour qui engendre
tous les miracles ? »

   Or le nom
de cet ouvrier pèlerin,
de ce Florentin en exil,
qui bégaye en langue d'oïl
comme le bon Brunet Latin,
est tellement dur qu'on l'enchâsse
mal dans la résille de plomb
au bas du vitrail rouge et bleu.
Est-il peut-être, plaise à Dieu,
plus doux dans la langue du *si*.

Mais l'autre est Claude Debussy,
qui sonne frais comme les feuilles
neuves sous l'averse nouvelle
dans un verger d'Ile-de-France,
où des amandiers sans amandes
illuminent l'herbe alentour,
dans un bosquet de Saint-Germain

qui se souvient de Gabrielle,
du Roi faune, et de leur amour :
« Cher cœur, je vous voyrré demayn... »
Mais l'autre est comme ces chandelles
qui s'allument sur la vielle
du jongleur de Rocamadour,
comme cette contrée bénigne
où Brigitte mène les cygnes,
Gilles trait la biche sauvage,
et la haie fleurit au passage
de Sainte Ulphe de Picardie.
La larme, à Vendôme enchassée,
que Jésus versa sur Lazare,
devient innombrable rosée
dont se pare toute prairie.
Du haut ciel, tournant son visage
d'Espoir vers Thomas incrédule,
Marie lui jette sa ceinture
qui devient une mélodie.

Or c'est Claude qui la recueille
sur la flûte en aile d'oiseau,
sur la flûte de sept roseaux

qu'il recompose et raffermit
avec du lin d'aube ou d'amict ;
puis avec des larmes de cierge
pieusement il les enduit.
Très douces gens, par lui, par lui,
vous entendrez chanter la Vierge,
qui est la couleur de l'aurore!
Comme Zachée le publicain,
il regarde passer Jésus
de la cime d'un sycomore.
Comme dans le vitrail de Tours
Saint Martial, il verse l'eau
vive sur les doigts du Sauveur.
Comme dans le vitrail d'Angers,
il laisse couler en ruisseau
le sang précieux sur les fleurs.
Comme Saint Sernin de Toulouse,
il a vu briller le Jourdain
sous les rayons de la colombe ;
et de la nef de Saint Brendan
il a vu se dresser la Croix
sur des îles d'azur sans nombre.
Comme Madeleine en Provence,

il mange le miel enivrant
en souvenir de la Parole.
Comme dans les ivoires francs,
il montre la Terre et la Mer
assistant le Dieu qui s'immole.

Très douces gens, sons et chansons
or entendez. Nous vous prions
par Saint Denis et l'Oriflamme.
Puis regardez que de ciel bleu,
que de sang rouge, au nom de Dieu,
pour le remède de votre âme !

   AMEN.

LES CINQ MANSIONS

I. LA COUR DES LYS.

II. LA CHAMBRE MAGIQUE.

III. LE CONCILE DES FAUX DIEUX.

IV. LE LAURIER BLESSÉ.

V. LE PARADIS.

LA PREMIERE MANSION

LA COUR DES LYS

LES PERSONNAGES.

LE SAINT.

LA MÈRE DOULOUREUSE.
LES FRÈRES JUMEAUX MARC ET MAR=
   CELLIEN.
LES CINQ VIERGES EPIONE, FLAVIE,
   JUNIE, TELESILLE, CHRYSILLE.
LES QUATRE COMPAGNES DE CES VIERGES.
LES NEUF COMPAGNONS DES JUMEAUX.
THÉODOTE.
LE PRÉFET.
SON FILS VITAL.
L'AFFRANCHI GUDDÈNE.
LES ARCHERS D'ÉMÈSE.
L'ARCHER AUX YEUX VAIRONS.
LA FEMME MUETTE.
LA FEMME AVEUGLE.

LE GREFFIER.

LES APPARITEURS, LES HÉRAUTS,
   LES BOURREAUX.

LES SACRIFICATEURS, LES VICTIMAIRES
   LES JOUEURS DE FLUTE.

LES GENTILS, LES CHRETIENS, LES JUIFS.

LES ESCLAVES.

LES SEPT SÉRAPHINS.

N aperçoit un portique intérieur, peint d'étranges peintures par des Gentils, avec le carmin, l'outremer et l'or, entre les bêtes de l'entablement bas et les feuillages des chapiteaux lourds, qui se mirent dans les dalles polies. Par les sept arcades du fond ouvertes sur des jardins bleus, on aperçoit de grandes gerbes de lys, dont les tiges semblent serrées en faisceau autour de la plus haute comme autour de la hache les verges des licteurs. Un autel de marbre, consacré aux Idoles, se dresse dans l'enceinte, avec ses têtes de boucs et ses guirlandes de fruits sculptées, avec ses rainures rougies par l'écoulement du sang et du vin, avec les orges, les aromates, les huiles apprêtés pour l'offrande.

Au centre, en forme de parallélogramme, une couche épaisse de charbons et de tisons couvre les dalles, semblable à ces rangées de raisins ou de figues qu'on fait cuire au soleil sur des nattes de roseau. Des appariteurs, tout autour, avec des soufflets et des barres, rallument et remuent de temps en temps la braise qui pâlit.

Les deux frères jumeaux, Marc et Marcellien, sont liés avec des cordes aux deux colonnes de la même arcade, l'un en face de l'autre. Le Préfet est assis dans son siège, sur une sorte d'estrade carrée ; et près de lui se tient le greffier, avec ses tablettes enduites de cire. Devant lui sont les engins de torture, les ongles de fer, le chevalet, le carcan, les ceps, et les bourreaux. Accablé par la graisse, il halette et sue, tandis que des esclaves accroupis bercent ses pieds énormes, déformés par la podagre. Parfois, d'un mouvement de colère soudaine secouant sa somnolence, il frappe avec sa verge d'ivoire leurs dos nus.

Sébastien, revêtu d'une armure légère, appuyé sur son grand arc, regarde en silence les jeunes martyrs. Les archers d'Emèse se tiennent derrière lui, avec des pennes d'aigle à leurs casques lisses et de longs carquois couverts de peau de panthère contre leurs reins cambrés.

Une tourbe de plus en plus nombreuse et houleuse envahit le lieu de l'audience. Le chant des jumeaux domine le sourd grondement.

Attachés aux colonnes, face à face, pâles et enivrés, ils renversent la tête pour chanter vers le ciel.

CANTICVM GEMINORVM.

Frère, et que sera-t-il le monde
allégé de tout notre amour?
Dans mon âme ton cœur est lourd
comme la pierre dans la fronde.

*Magister
Claudius
sonum
dedit.*

5 Je le pèse ; au delà de l'Ombre
je le jette vers le Grand Jour.
Frère, que sera-t-il le monde
allégé de tout notre amour ?

J'étais plus doux que la colombe,
10 tu es plus fauve que l'autour.
Toujours, jamais ! Jamais, toujours !
Fer ne t'effraie, feu ne me dompte.
Beau Christ, que serait-il le monde
allégé de tout votre amour?

LES GENTILS.

15 — Andronique, ils chantent leur hymne !
— Ils louent leur roi supplicié !
— Ils raillent ta faiblesse !
                    — Étouffe
le chant dans leur gorge !
                    — Ils se jouent
de toi, somnolent.
                    — Ils méprisent

20 l'édit du très saint Empereur,
et leurs dents ne sont pas brisées !
— Ils louent la charogne au gibet !
— Mais, s'ils chantent, ils reconnaissent
Apollon.
   — Qu'ils sacrifient donc
25 au Délien.
   — Éveille-toi,
Jule Andronique, éveille-toi !
— Il dort dans sa chaire d'ivoire
laissant dorloter sa podagre
par ses esclaves délicats.
30 — Sébastien, Sébastien,
ami d'Auguste, sois témoin !
— C'est lui qui faiblit. Ils persistent.
— Il n'a pas encore versé
une goutte de leur sang vil,
35 ni même roussi leurs aisselles !
— Il aime les lys et les truffes.
— Mais tous ces lys nous empoisonnent.
On suffoque.
   — Il mâche sa langue.
— Non, il n'en a pas.
    — Il n'est pas
40 loquace, vraiment : aujourd'hui
il n'a pas mangé des cigales
pour se donner de l'appétit.

— Ni des têtes de perroquets
non plus.
                    — Il n'est pas foudroyant :
45 il garde les pierres de foudre
pour en saupoudrer les lentilles,
à la mode d'Elagabale.
— Par les Dioscures, tu aimes
ces gémeaux qui n'ont pas d'étoile,
50 Jule Andronique.
                    — Tu les aimes,
tu les aimes.
                    — Tu les ménages.
— Il ne suffit pas qu'on en fasse
des colonnes caryatides
pour les regarder.
                    — Maintenant,
55 qu'ils passent par tous les supplices
— On n'a pas suivi l'ordre juste.
— Au chevalet, d'abord ; et puis
aux fléaux garnis d'osselets ;
et puis au carcan et aux ceps,
60 et jusqu'au quatrième trou...
— Sébastien, Sébastien,
ami d'Auguste, sois témoin !
— Qu'ils sacrifient ou bien qu'ils meurent.
Il est temps.
                    — Ces entrepreneurs

65 de jeux les réclament, après
la sentence, pour les combats.
— Qu'on le note sur les tablettes.
— Tu n'as plus ton style, greffier?
— Greffier, toi aussi, tu sommeilles.
70 — Persée! Persée!
— Est-il chrétien?
— Il songe à ses ancêtres rois,
au triomphe de Paul-Émile.
— Qu'est-ce qu'on attend? des prodiges?
Qui va venir?
— Qu'ils sacrifient
75 ou qu'ils périssent!
— On sanglote.
— C'est Cordule l'aveugle, c'est
la femme d'Attale, qui pleure.
— Elle beugle, Alcé la muette,
Alcé, la femme de Venuste
80 le dépensier.
— Elles sont folles.
— Je vous dis que tous ces esclaves
cachent des rouleaux dans les plis
de leurs saies.
— Quelqu'un va venir?
Le soir approche, le soir tombe.
85 — Ne devaient-ils donc pas marcher,
pieds nus, sur la braise? Il est temps.

— On temporise. On contrevient
à l'édit impérial.
    — Honte !
— Le très saint Empereur t'ordonne
90 d'être sans merci, Andronique.
— Il est temps.
    — Les charbons s'éteignent.
— Soufflez ! Soufflez !

LES HERAUTS
— Silence !
    — Silence !
        — Silence !

LE PRÉFET.
Je vais sévir. Appariteurs,
95 resserrez leurs liens ! Je veux
que l'un après l'autre on les hausse,
qu'on les suspende aux deux colonnes,
que leurs pieds joints n'aient plus d'appui.

UNE VOIX.
Leurs pieds sont joints comme les pieds
100 des Anges.

LES GENTILS.
    — Quelle est cette voix ?
— Qui a parlé ?

— Qui a crié?
— Il y a des chrétiens ici.
— Qu'on cherche !

LES HERAUTS.

Silence !

LE PREFET.

Bourreaux,
apprêtez les ongles de fer
105 pour leur labourer la poitrine ;
apportez des ciseaux, coupez
leurs chevelures, puis rasez
la peau de leurs crânes, posez
sur elle des charbons ardents...
110 Non. Attendez. Ils sont tout pâles.
Et j'ai pitié de leur jeunesse.
Je veux dissiper leur démence.
Ils vont fléchir.

LES GENTILS.

— Il a pitié ! Il a pitié !
115 — Et jusqu'à quand, ô Andronique,
auras-tu pitié ? jusqu'à quand ?
— Es-tu Galiléen ?
— Demande
donc au Guérisseur qu'il guérisse
ta podagre noueuse !

     — Vite,
120 vite ! Interroge !
      — Le soir vient.
— Il retarde pour interrompre
le jugement.
    — Qu'on le dénonce
à César !
     — Qu'on l'accuse auprès
du Maître !
     — Et il mâche sa langue !
125 — Sébastien, Sébastien,
ami d'Auguste, sois témoin !
— On veut éluder.
      — Qu'ils fléchissent
donc, ou qu'ils brûlent !
      — Un seul mot :
Sacrifie !

LES HERAUTS.
    — Silence !
     — Silence !
LE PREFET.
130 Jeune homme, celui de vous deux
qui est moins forcené, jeune homme,
veux-tu obéir aux préceptes
divins ? Es-tu prêt à offrir
une victime et à manger

135 la viande immolée, à boire
le vin des libations, comme
l'ordonne le Maître immortel?
Réponds au juge.

MARC.

Non, juge. Par le Dieu vivant,
140 non, je ne veux pas obéir.
Je n'offrirai pas de victime,
ni ne mangerai de viande,
ni ne boirai de vin maudit.
Mais je prie de toute mon âme,
145 afin que par toute ma chair
lacérée, mutilée, broyée,
dissoute dans la gueule rouge
et de la bête et de la flamme,
je devienne un seul sacrifice
150 au Dieu vivant.

LE PREFET.

Tu délires. Mais réponds-tu
en ton nom? au nom de ton frère?
Vous êtes deux.

MARC.

Nous sommes un. Tu vois. Nous sommes
155 un visage, un regard, un chant,

un amour. Nous sommes un cœur
trempé sept fois.

LE PREFET.

Sacrifie. Pense à ta jeunesse,
à tes longs jours.

MARC.

160 Je pense à mon éternité.
Car je suis en face du ciel
comme devant la mer vernale
au lever des Pléiades belles.
Et le gouvernail d'espérance
165 est dans mon poing.

LE PREFET.

C'est ta fièvre chaude qui chante.
Sacrifie, sacrifie, jeune homme,
si tu veux vivre.

MARC.

Je ne veux que mourir en Dieu.
170 Je cherche Celui qui pour nous
est mort et je cherche Celui
qui pour nous est ressuscité.
Je hais ta viande et ton vin.
Je mangerai le pain de Dieu

175 qui est la chair de Jésus roi
né de la race de David.
J'aurai pour breuvage son sang,
qui est l'amour incorruptible.
Je n'ai que cette faim, je n'ai
180 que cette soif.

LE PREFET.

Eh bien, je te ferai mourir.
Mais n'espère pas que je t'aime
assez pour t'enlever la vie
d'un seul coup, fils de Théodote.
185 N'attends pas la mort par le glaive,
la bonne mort.

MARC.

La pire sera la meilleure,
pour plaire à Dieu.

LE PREFET.

Fol, tu t'imagines sans doute
190 que des femmelettes viendront,
la nuit, chercher ton corps exsangue,
l'embaumer dans les baumes rares,
l'envelopper dans les lins purs
et le célébrer dans les hymnes.
195 Je te détruirai par la flamme
ou par la bête.

MARC.

Si je suis le froment de Dieu,
ô vieillard, il faut que je sois
moulu par la dent de la bête
200 pour devenir pain éternel.
Et si je suis le témoignage
de la Parole neuve, il faut
que la pureté de la flamme
me réduise en cendre innombrable
205 pour être épars à tous les vents
qui portent les bonnes semences
aux droits sillons.

Ici le jeune fils du préfet, Vital, s'approche de la colonne.

VITAL.

O mon égal, écoute-moi.
Tu es imberbe, tes cheveux
210 sont bouclés, tes muscles sont fiers.
A la lutte, dans la palestre,
tu m'as vaincu.

MARC.

Tu es le fils de l'égorgeur.
T'ai-je renversé dans l'arène?
215 Mais je suis l'athlète du Christ.

C'est maintenant que je combats
le bon combat.

VITAL.

Écoute. Il est doux d'être né.
Il est doux de voir la lumière,
d'attendre les soleils nouveaux.
On va te crever les deux yeux,
tes yeux si grands.

MARC.

Mon âme en a mille, semblable
à l'aile ocellée du Cherub,
pour regarder sans battements
la forge de tous les soleils.
Tu es aveugle.

VITAL.

Tu chantais d'une voix sonore.
On va te broyer les mâchoires,
faire de ta bouche une vaste
plaie taciturne.

MARC.

Ma voix chantera toute nue,
aux sommets les plus bleus du ciel,
avant l'aurore, avant le cri
de l'alouette.

VITAL.

Regarde ton frère. Il est pâle.
Il craint la souffrance et la mort.
Il va pleurer.

MARC.

Il est pâle comme l'attente.
240 Il ne craint que le vain délai.
Il va sourire.

VITAL.

Vous n'avez donc pas de sœur douce
qui tisse avec des fils de pourpre
vos vêtements ?

MARC.

245 Non, nous n'avons pas de sœur douce
qui tisse avec des fils de pourpre
nos vêtements.

VITAL.

Vous n'avez pas de père triste
qui chancelle sous les douleurs
250 et les années ?

MARC.

Nous n'avons pas de père. Seuls nous sommes, seuls, tout seuls avec un seul amour.

VITAL.

Et celle qui, pour chaque goutte
255 de lait qu'elle vous donna, verse trois larmes lourdes ?

MARC.

Nous n'avons pas de mère. Seuls nous sommes, seuls, tout seuls avec un seul amour.

VITAL.

260 Et qui sont donc ceux qui, la tête voilée, pleuraient pour vous, hier, ô mes égaux?

MARC.

Nous ne les connaissons point. Mais s'ils ont pleuré, s'ils pleurent, Dieu
265 s'en souviendra.

Ici on voit couler le sang de la main gauche de Sébastien qui, appuyé sur son arc, dans une sorte de ravissement, regarde le jeune martyr.

L'AFFRANCHI GUDDENE.

Seigneur, seigneur, tu perds du sang !
Entends-moi. De ta main ton sang
dégoutte le long de ton arc,
et tu n'en as cure. Entends-moi,
270 maître ! Tu saignes.

UNE VOIX.

Archer, je vois une lueur
autour de ton casque. Déjà
tu t'illumines !

GUDDENE.

La corne de la coche perce
275 la paume de ta main. Si fort
tu t'appuyais, seigneur ! Comment
ne sentais-tu pas la blessure ?
Quel est ton songe ?

LA VOIX.

Que Dieu perpétue ton céleste
280 ravissement !

LES ARCHERS D'EMESE.

— Seigneur, tu t'es blessé ! Tu souffres ?
— Ton arc t'a percé, ton arc même !
— Femmes, femmes, donnez des lins
pour étancher le sang qui coule.

285 — La fleur de ta veine est plus belle
que l'anémone d'Adonis.
— Donnez le dictame idéen !
— Sur le fût de ton arc les gouttes
brillent comme des escarboucles.
290 — Femmes, n'avez-vous pas de baume ?
— Il a dans le creux de sa main
les anémones du Liban
et les larmes de la déesse.
— Femmes, donnez des lins ! Parmi
295 vous, n'y a-t-il pas une esclave
de Syrie ? pas une Crétoise ?
— Qui t'apportera le dictame ?
— Tu es plus fort que la douleur.
— Nous t'aimons, Seigneur, nous t'aimons.
300 — Chef à la belle chevelure,
tes archers t'aiment.
— Tes archers
t'aiment.
— Tu es beau.
— Tu es beau
comme Adonis.

LE SAINT.

Archers, laissez couler mon sang.
305 Il faut qu'il coule. Pas de lin,

femmes, pas de baume. Laissez
couler mon sang.

Ici une femme, la tête voilée par le pan de son manteau, s'approche. D'un geste rapide, elle trempe un morceau de lin dans le sang de Sébastien ; et elle s'efface, en silence.

LES GENTILS.

— On ne respire plus, ici !
— On étouffe ! On étouffe !
— Où sont
310 les magiciens qui opèrent
ces prestiges ?
— On renouvelle
les sortilèges du Sorcier
aux Trois Clous.
— Andronique, ordonne
que tous, ici, l'un après l'autre,
315 passent devant l'autel et jettent
l'encens au feu des sacrifices.
— Il y a des chrétiens partout,
ici. Tu pourras les compter.
— On étouffe ! On étouffe comme
320 dans l'étuve.
— Greffier, la cire
de tes tablettes fond, et tout
s'efface.

— Et cette odeur de lys !
Et cette odeur de lys !
— Brisez
donc les tiges ! Fauchez les gerbes !
825 — Sébastien, Sébastien,
ami d'Auguste, tu es seul
à verser du sang.
— La sueur
coule, la cire fond ; et tout
s'efface.
— On suffoque, on halette
830 dans une vapeur fauve.
— Crie
plus fort !
— La folie du Solstice
va éclater comme un orage.
— Archers, archers, bandez vos arcs
et faites un carnage.
— L'œil
835 des esclaves est chaud de meurtre.
— Et cette odeur de lys !
— Fauchez
les gerbes !

Ici on entend venir, du fond des portiques, les appels de la mère infortunée.

— La mère ! La mère !
— C'est elle !

— Elle vient.

— Elle accourt.

— Écartez-vous !

LA MERE DOULOUREUSE.

340 Mes fils ! Mes fils ! Mes fils chéris !

Elle s'élance. Elle s'abat contre les colonnes. Anxieuse, elle palpe les corps des captifs pour reconnaître qu'ils sont encore sains.

Enfants, enfants de mes entrailles,
vous êtes sains, vous êtes saufs
encore ! Il n'y a pas de sang
sur vous. J'entends le battement
345 de vos cœurs. On n'a pas encore
meurtri vos chairs, brisé vos os.
Que je vous touche, que je sente
la vie de ma vie ! Mais je n'ai
que deux mains faibles ; et vous êtes
350 l'un de l'autre distants. Je n'ai
que deux pauvres bras, qui ne peuvent
pas vous ravoir dans une même
étreinte, ô vous qui avez bu
au même sein. Et mon amour
355 se déchire entre vos deux peines,
ô mes gémeaux !

MARC.

Ne me touche pas ainsi, femme.
Ne parle pas. Ne pleure pas.
Détourne tes yeux. Laisse-moi
immoler, pendant que l'autel
est prêt. Laisse-moi recevoir
la vraie vie. Ne viens pas corrompre
ma volonté d'être à Dieu. Femme,
détache tes mains de mon corps.
Je veux renaître.

LA MERE DOULOUREUSE.

O cruel ! Et c'est toi, c'est toi !
On peut entendre ces paroles
sans expirer. Qui comblera
la mesure de la douleur ?
et qui comblera la mesure
des larmes? Oui, oui, mon enfant,
mes mains ont senti que les cordes
s'enfoncent dans ta chair. Je suis
liée comme toi. J'ai partout
des sillons livides, des veines
étranglées. Ta souffrance est mienne,
en moi, comme si tu étais
encore avec ton frère un nœud
palpitant dans la profondeur
de mon espoir. Je suis ta mère,

ta mère. Je te porte encore.
Oui, je suis à nouveau chargée
de vos poids. Je tressaille encore
de vos sursauts.

MARC.

385 O Christ, je souffre pour ton nom !
Mais tu l'as dit : « Si quelqu'un vient
à moi et ne hait pas son père,
sa mère, ses frères, ses sœurs,
plus encore, sa propre vie,
390 il ne peut être mon disciple. »
Seigneur Christ, je suis ton disciple.
Je suis ton hostie. Je suis prêt.
Exauce-moi !

LA MERE DOULOUREUSE.

Il l'a dit ! Ce Dieu, qui vous frappe
395 de démence, vous a donné
ce commandement ! Ah, je sais.
Il a pris sur lui tous les crimes
et toutes les infirmités
du monde. Il est affreux. Il boit
400 le sang des enfants et des vierges.
Il a saisi les sept enfants
de Symphorose, les sept autres

de Félicité, puis les sept
vierges d'Ancyre...

MARC.

405 Tais-toi ! Tu blasphèmes. La mère
criait : « Mes enfants, regardez
en haut, combattez pour vos âmes.
La mort est vie. »

LA MÈRE DOULOUREUSE.
Ah, ce n'est pas vrai ! On vous trompe,
410 on vous affole, on vous abreuve
de je ne sais quel noir breuvage.
Il y a des Thessaliennes
qui mêlent des philtres atroces
à l'écume de la cavale,
415 pour la fureur inguérissable.
De quelles herbes souterraines,
de quels fruits lugubres, de quelles
racines arrachées au fond
des paludes mornes où croissent
420 les pavots du sommeil sans yeux,
et de quels poisons, et de quelles
larmes, et de quelles sanies
se broie le philtre qui vous donne
cette ivresse de la douleur,
425 cette rage de la torture,

cette frénésie de la mort ?
Qui vous a tendu le calice
dans les ténèbres ?

MARCELLIEN.

Mon frère, mon frère, je tremble.
430 Hélas ! J'ai peur.

LA MERE DOULOUREUSE.

Je vous épiais dans ma chair,
de toute ma force attentive,
comme mon prodige incertain.
Parfois les vieux Lares sourirent
435 de mon ombre, sous leurs guirlandes
neuves, en songeant à la gousse
qui cache le fruit géminé.
Pour vous faire beaux, je mirais
dans le temple et sous le portique
440 les images belles des dieux.
Quand je sentis le double cœur
battre dans mon âme, je vis
les feux blancs des Gémeaux célestes
éclairer mon âme et la nuit.
445 Ils brillaient au bout de mes songes
comme sur les mâts des navires,
quand pour vos bouches trop avides,

enfants, le sommeil regonflait
mes seins taris.

MARCELLIEN.

450 Mon frère, mon frère, je tremble.
Mon cœur se fond.

MARC.

O Christ, je te loue. Sauve-moi !
Garde mon âme, Christ Seigneur,
que je ne sois pas confondu !
455 Exauce-moi !

LA MERE DOULOUREUSE.

O Marcellien, tu es doux.
Tu étais la sœur de tes sœurs.
La déesse berceuse ornait
ton berceau de fraîche aubépine,
460 pour éloigner les rêves sombres.
Pour suspendre ta bulle d'or
à la poitrine des vieux Lares,
te souvient-il ? tu dérobas
la bandelette virginale
465 qui rattachait le lin docile
à la quenouille de Chrysille.
Nous vîmes derrière la porte
rire les marmousets espiègles

dans leurs niches bleues. Tout à coup
470 tu rougissais comme l'ourlet
de ta toge prétexte. Pense :
tu viens à peine de quitter
ta dépouille candide! Ils flairent,
tes chiens tachetés, ils te cherchent
475 dans les coins de ta chambre peinte,
et gémissent. Ils m'interrogent
de leurs prunelles pâles comme
la fumée. Dans la maison triste,
on n'a plus tourné les clepsydres.
480 La poussière tombe. O enfant,
tu reviendras.

MARCELLIEN.

Mère, mère douce, aie pitié !
C'est Dieu que je perds, si je perds
ce combat. Je veux être à Dieu.
485 Je veux mourir.

 Ici paraît Théodote, porté par ses serfs,
la toge ramenée sur son visage, sans mot dire.

LA MERE DOULOUREUSE.

Honte sur nous! Honte sur nous!
Regarde ce vieillard infirme
qui se traîne aux bras des esclaves,
la tête voilée. C'est toi, toi

490 qui le courbes, toi qui l'écrases.
Regarde-le : car jamais plus
il n'osera lever son front
pour regarder homme vivant.
Tu l'as ployé vers le sépulcre.
495 Et il aura ses funérailles,
son linceul, ses baumes, sa tombe ;
il aura son repos, là où
même le jeu des vents est mort
autour des morts sans nom ni nombre.
500 Mais vous, mais vous, sans sépulture,
larves noires et tourmentées,
vous errerez sur le rivage
du fleuve noir, dans l'éternelle
nuit, à jamais...

MARCELLIEN.

505 Frère, je crains. Mon âme fuit.
Tu es muet. Dieu m'abandonne.
Et la terreur la plus lointaine
revient à moi. Je ne vois plus
ta face, ô Christ !

LA MERE DOULOUREUSE.

510 Mes fils, mes fils, voilà vos sœurs,
vos cinq sœurs chéries, les cinq doigts
de la main qui porte la rose ;

et les compagnes de leurs jeux;
et vos égaux; et les offrandes
515 pour les dieux saints : le vin, le lait,
l'huile, le miel, les fruits, les orges,
les aromates, les guirlandes ;
et le bélier tout blanc, sans tache ;
et la chèvre blanche, sans tache ;
520 et aussi des fioles pleines,
des fioles comme des doigts,
pleines du sel divin des larmes,
tièdes de larmes.

    Les cinq sœurs paraissent suivies de quelques compagnes, en un chœur de neuf voix. Elles sont si jeunes que la dernière est presque une enfant. Légères et vives comme des oiseaux, pleines de grâces suppliantes et d'étonnements ingénus, elles apportent dans leurs mains et dans leurs yeux toutes les images de la vie belle.
    Un autre chœur de neuf jeunes hommes survient, traînant des hosties vivantes : un bouc aux cornes dorées, une chèvre ceinte d'une branche de peuplier.
    Les deux chœurs novénaires s'approchent en chantant, et entourent les deux colonnes où les pieds des captifs sont joints comme les pieds des Anges.

CHORVS VIRGINVM.

LA PREMIERE.

Par les bandelettes
525 qui serrent nos seins,
par l'or qui nous ceint,
les lins qui nous vêtent,

Magister Claudius sonum dedit.

gémeaux, gémeaux, faites
l'offrande aux dieux saints,
530 par les bandelettes
qui serrent nos seins !

Voici l'huile prête,
le lait et le vin ;
et le jonc marin
535 pour ceindre vos têtes ;
et les bandelettes.

LA SECONDE.

A toi, Proserpine,
le fuseau bien tors,
la lampe à rebord
540 qui trois fois crépite,

le fil qu'on dévide
en songeant aux sorts,
la poupée de cire
que je berce encor,

545 la claire clepsydre,
la navette d'or,
tout ce que j'ai ! Fors
mon heur, mon délice :
ma perdrix novice.

LA TROISIEME.

550 Fors ma sauterelle
qui vit, sans regret
des amples guérets,
dans sa claie si grêle,

tout ce que j'ai, belle
555 Reine qui soumets
nos âmes si frêles,
je te le promets :

le miroir, les peignes
d'or, les osselets
560 d'argent, le filet,
le bandeau, l'ombrelle.
Fors ma sauterelle.

LA QUATRIEME.

Par les têtes noires
des grands pavots roses
565 que le Fleuve arrose
d'une eau sans mémoire,

ne laisse pas boire
ces lèvres écloses
d'enfants doux qu'égare
570 la douleur sans cause,

ô Fleur du Tartare,
Vierge qui exauces
les vierges moroses,
par les têtes noires
575 des grands pavots roses !

LA CINQUIEME.

Et par la grenade
et par les neuf grains
tombés de l'écrin
sur le noir rivage,

580 détourne ces âmes
du Portail d'airain,
et par la grenade
et par les neuf grains,

Épouse trop pâle
585 du Roi souterrain,
ô toi qui étreins
dans ta main trop pâle
la sombre grenade !

LA SIXIEME.

Voici pour l'offerte
590 la grâce du mois :
l'amande et la noix
à l'écale verte,

la figue entr'ouverte
et le cône étroit.
595 Voici pour l'offerte
la grâce du mois.

J'ai, dès l'aube, experte
du suc et du poids,
cueilli de mes doigts
600 frais, en nymphe alerte,
neuf fruits pour l'offerte.

LA SEPTIEME.

Voici des gâteaux
au miel de l'Hymette,
sur une tablette
605 en bois de bouleau.

J'ai fait le gruau
d'une main bien nette.
Voici les gâteaux
au miel de l'Hymette.

₆₁₀ J'ai pour le fourneau
quitté la navette.
Et sur ma tablette
bien lisse, tout chauds,
voici mes gâteaux.

LA HUITIEME.

₆₁₅ Et voici la coupe
que vous verserez,
de vin soutiré
sans remuer l'outre ;

le ligustre souple
₆₂₀ et l'anet des prés
pour ceindre la coupe
que vous verserez ;

la résine rousse
et le miel doré,
₆₂₅ pour vous desserrer
la bouche qui boude
au bord de la coupe.

LA NEUVIEME.

La flûte d'agate,
dont le son reluit,
₆₃₀ je l'ai dans l'étui
bien clos qui la cache.

J'ai celle des Panes,
aux tuyaux enduits
de cire tenace
que mon air bleuit ;

et celle d'enfance,
à deux trous, en buis,
dont je joue la nuit,
couchée dans la paille,
pour tromper la caille.

CHORVS JUVENVM.

LE PREMIER.

Des flûtes, des flûtes
pour danser en rond !
Et nous traînerons
par la corde rude

le bélier hirsute
qui cosse du front.
Des flûtes, des flûtes
pour danser en rond !

Entre orteil et nuque
l'âme est un arc prompt.
Et nous traînerons
la chèvre camuse.
Des flûtes, des flûtes !

Magister Claudius sonum dedit.

LE SECOND.

O dieux ! Qu'on égorge
655 le taureau puissant
et le bouc qui sent,
hosties à l'œil torve !

Que l'autel déborde
de vin et de sang !
660 Qu'il soit une forge
de feu rugissant !

Qu'il crépite d'orges,
qu'il fume d'encens !
Que les dieux présents
665 reçoivent la force
jaillie de cent gorges !

LE TROISIÈME.

Par la pendaison
de cet esclave ivre,
qu'il est doux de vivre
670 près de l'échanson !

O roue d'Ixion,
ô roc de Sisyphe,
grandeur du lion,
beauté du supplice !

675 Par la pendaison
de cet esclave ivre,
qu'il est doux de vivre
au vent des chansons !
Salut, Ixion.

LE QUATRIEME.

680 Que la vie est belle !
Que les dieux sont beaux !
Voici le Feu, l'Eau,
l'Air, l'Ame, la Terre.

Il y a l'arc, l'aile,
685 les jeux, les travaux.
Que la vie est belle !
Que les dieux sont beaux !

O douleur nouvelle,
éteins les flambeaux,
690 ouvre les tombeaux,
ceins-toi d'asphodèle.
Que la vie est belle !

LE CINQUIEME.

Venez au gymnase,
gémeaux, voir sourire
695 le dieu palestrite
coiffé du pétase.

On lutte. On se rase,
avec la strigile
courbe, la peau grasse
700 de sueur et d'huile.

On verse, du vase
délicat d'argile
qui pend, vin d'Égine
bien frais dans la tasse.
705 Et on se délasse.

LE SIXIEME.

Vous êtes gémeaux.
Tels les Tyndarides
aux belles cnémides
dompteurs de chevaux.

710 Ah, prendre aux naseaux
l'étalon numide
tout blanc, dont la peau
est un feu humide ;

ceindre du fronteau,
715 tenir par la bride
cette flamme lisse
à quatre sabots;
bondir au garrot!

LE SEPTIEME.

Il y a la gloire.
On dompte les hommes.
On hume l'arome
du laurier qu'on froisse.

Et des reines noires
suivent le Triomphe.
On les apprivoise
comme des lionnes.

L'or de la Victoire
creuse ta main moite.
Une immense angoisse
gonfle ta gorgone.
Io ! C'est la gloire.

LE HUITIEME.

Il y a l'ivresse,
de profonds celliers.
On peut tout lier,
plier par un geste.

Il y a l'ivresse,
la fleur du pommier,
des amours qu'on tresse
en dansant nu-pieds ;

740 la fleur de la fève,
le col du ramier ;
l'Ourse, le Bouvier,
Orion ; les rêves ;
le tranchant du glaive.

LE NEUVIEME.

745 Tu vois luire l'aube
comme ta lueur.
Rosée, fraîche sœur
de la larme chaude !

Des marchands de Rhodes
750 t'apportent, par cœur,
de nouvelles odes
comme du bonheur.

Tu attends aux môles
d'Ostie, le soir, leurs
755 nefs qui ont la Fleur
sur la proue très haute.
Tu flaires leurs baumes...

Ici le courage des jeunes prisonniers commence à mollir. Marc lutte encore, fermant les paupières, serrant les lèvres, retenant son souffle, de peur qu'il ne lui échappe quelques paroles qui puissent le perdre. Mais Marcellien incline vers ses sœurs son visage tout humide de larmes; il les regarde, il les nomme par leurs noms si chers. Et elles cherchent à dénouer les nœuds rudes, se haussant sur la pointe des sandales, allègres et prestes.

MARCELLIEN.

Chrysille, Télésille, sœurs
douces! Junie! Flavie! Mes sœurs,
760 que faites-vous? que faites-vous?
Otez de mon front la guirlande!
On ne peut pas nous délier,
on ne peut pas, on ne peut pas.
Ote la guirlande, Épione,
765 je te prie! Mes sœurs, mes sœurs douces,
que faites-vous?

LE PREFET.

O jeunes hommes inculpés,
Marc et Marcellien gémeaux
de Théodote, voulez-vous
770 enfin obéir au clément
Empereur? Réponds, Marc. Réponds,
toi, Marcellien. Voulez-vous
sacrifier aux dieux de Rome,
aux douze dieux grands de l'Empire
775 et à l'effigie de César?
Greffier, écris.

Ici, tout à coup, Sébastien rompt son immobilité vigilante. Et le son inattendu de sa voix frappe de stupeur et de frayeur les hommes, comme l'éclat soudain du tonnerre.

LE SAINT.

Athlètes du Christ, répondez !
Répondez la parole forte !
Dardez la réponse de fer !
780 Je prends entre mes poings le rouge
cœur nu de votre foi, mes frères,
puisque vos poignets sont liés ;
et je le hausse vers le haut
ciel où la couronne éternelle
785 est suspendue pour votre gloire.
Je vous adjure, par le sang
qui dégoutte de cette paume
percée comme la paume sainte
contre la barre de la Croix !
790 Dieu vous entend.

Ici les jumeaux tournent vers le juge leurs fronts raffermis, et crient de leurs voix claires.

MARC.

Jamais. Je confesse le Christ.

MARCELLIEN.

Jamais. Je confesse le Christ.

MARC.

Jamais.

MARCELLIEN.
      Jamais.

Ici la tourbe païenne se soulève en tumulte.

LES GENTILS.

— La voûte s'écroule !

                — Les pierres
795 se fendent !

        — Tout est renversé.

— Avez-vous entendu ?

              — Tout est
souillé, foulé.

      — Sébastien,
Sébastien, quelle démence,
quelle rage s'empare aussi
800 de toi ?

      — Le chef des sagittaires,
l'ami d'Auguste, est infidèle
à son maître !

      — Regardez-le !
Il est debout dans le délire.

— Lui, l'ami d'Auguste, il exhorte
805 les coupables à mépriser
l'édit !

— Ils fléchissaient déjà,
les jeunes gens.
            — Ils étaient prêts
au sacrifice.
         — Il les enivre
par la vue de son sang.
                — Il laisse
810 couler son sang pour simuler
la crucifixion de l'Homme
à tête d'âne.
         — Il a percé
sa main gauche par artifice.
Et il a invoqué la croix.
815 Avez-vous entendu?
                — J'entends,
j'entends, moi, claquer les fouets
des bestiaires. Aux lions !
Aux lions !
            — Non, ce n'est pas vrai.
Il est hors de lui-même. Il porte
820 un maléfice. N'avez-vous
pas vu se rapprocher de lui
soudain cette femme étrangère
et tremper le lin dans la plaie?
Il porte un maléfice occulte.
825 — Regardez-le ! Regardez-le !
— Ce n'est pas vrai, ce n'est pas vrai.

Toi, toi, bel Archer, toi, si beau !
Toi, plus beau que l'adolescent
de Bithynie, le Bien-aimé
830 d'Hadrien, le divinisé
d'Égypte !
— Il ressemble à Mercure
souterrain qui hante la route
inévitable.
— Il a bondi
du socle, frère des statues
835 divines.
— Il a fait un songe.
Il se réveille.
— Secoue-toi !
Tu es trop beau. Renie, renie
ton sacrilège.
— Viens ! Allons,
allons immoler des brebis
840 à Cérès qui porte les lois,
au Soleil qui voit l'avenir.
— Il faut boire, et frapper la terre
d'un pied libre.
— Va-t-en ! Va-t-en !
— On étouffe ! On étouffe comme
845 dans l'étuve.
— Et la puanteur
des lys !

— Et ce relent lugubre
des offrandes non présentées !
— Crie fort !
— Les oreilles bourdonnent
de murmures magiques.
— Tous
850 ces esclaves puent, sentent pire
que le bouc.
— Et ne tracez pas
des mots magiques sur les dalles.
— Et ne parlez pas bas aux dieux
infernaux.
— O Chef, Chef cruel,
855 tu nous a trahis, tu nous as
trahis pour cet Asiatique
mort au gibet !

    Sébastien reste debout et inébranlable, sans répondre. La mère des confesseurs s'élance contre lui, désespérée.

LA MERE DOULOUREUSE.

O maudit, maudit, tu m'arraches
mes fils malheureux, mes enfants
860 égarés. Tu me les arraches
quand ils allaient tendre leurs bras
déliés vers toutes mes larmes
souriantes, que je sentais

refluer à mon sein aride
865 comme le lait de ma douleur !
Qui es-tu? qui es-tu, si jeune
et si terrible, mâle avec
ce beau visage de Furie?
Qui es-tu qui offres de rouges
870 cœurs à tes autels et promets
des couronnes d'astres à ceux
que tu traînes là-bas dans l'ombre
où tout finit?

    Sébastien lui parle avec une impérieuse douceur.

LE SAINT.

Je suis l'esclave de l'Amour.
875 Je suis le maître de la Mort,
Femme, et je te connais. Je sais
que je toucherai le cœur rouge
au fond de ta poitrine aride
qu'enfle le lait de la douleur.
880 Je te connais, femme. Tu es
marquée du sceau mystérieux.
Tu auras un jour ton martyre,
ta couronne et ton allégresse.
Il te regarde.

LA MERE DOULOUREUSE.
885 Qui me regarde? Tu m'effraies.
Le frisson me traverse toute,
comme une épée.

LE SAINT.
Il t'a choisie déjà. Tu trembles.
Tu es élue.

LA MERE DOULOUREUSE.
890 Tu m'effraies. Non, je ne veux pas!
Que fais-tu de moi? que fais-tu
de mon âme? O mes fils, mes fils,
vous me voyez, vous me voyez.
Quelqu'un m'entraîne.

LE SAINT.
895 C'est Lui, c'est Lui. Car du haut ciel
Il fond et saisit, comme l'aigle
foudroyant. Il saisit, soulève,
emporte, dans les battements
de sa grandeur.

LA MERE DOULOUREUSE.
900 Où est-il? où est-il ? J'ai peur.
J'ai peur de me retourner. Laisse,
oh, laisse-moi reprendre haleine !

Tu me vois : je suis pantelante.
Mes fils, m'avez-vous appelée?
₉₀₅ Dois-je venir? J'entends des cris,
les cris de cet aigle, les cris
du ravisseur. Il vous saisit,
il vous soulève, il vous emporte.
Faut-il venir? Faut-il mourir?
₉₁₀ Me voici prête.

 Effarées, agitées, ses filles tendent vers elle leurs bras nus.

LES CINQ VIERGES.

O mère, mère!

LE SAINT.

Tu as proféré la parole!
Femme, Il a parlé par tes lèvres.
Martyrs, avez-vous entendu?
₉₁₅ Le ciel rayonne.

LES CINQ VIERGES.

— O mère, mère, qu'as-tu dit?
— Tu nous déchires.
     — Tourne-toi!
— Oh, regarde-nous! Tourne-toi
vers tes filles épouvantées!
₉₂₀ — Qui s'empare de toi? Quel mal
te possède?

— Regarde-nous !
— Du dos de ta main tu essuies
ta bouche qui s'emplit d'écume
comme la bouche des sibylles.
925 — Ressaisis ton âme. Tu es
la proie de l'Enchanteur.
— Nous sommes
toutes tremblantes.
— O malheur !
— O mère, mère !

LA MERE DOULOUREUSE.

Qu'ai-je dit? qu'ai-je dit? Oh, non,
930 ne tremblez pas ! Je vous regarde.
Vous êtes toutes pâles, comme
l'évanouissement des choses
que nous tenions. Vous n'avez plus
en vos mains les offrandes. Vous
935 me touchez avec vos mains vides.
Vous n'avez plus ni fleurs ni fruits,
ni les vases ni les corbeilles.
Vous avez tout abandonné.
Et les offrandes non offertes
940 gisent là, sur les dalles, comme
des ordures. Mes dieux, mes dieux,
où êtes-vous?

CHRYSILLE.

Mère, mère douce, rentrons,
rentrons. Tu les retrouveras
945 près de la porte. Laisse-toi
ramener. Ta litière est prête.
Mère, tu souffres.

LA MERE DOULOUREUSE.

Et vous les abandonnerez
là, eux aussi, comme les orges
950 et les huiles? Voyez, voyez
les yeux de vos frères, voyez-
les, grands ouverts, qui nous regardent!
Est-ce que je leur avais fait
des yeux si grands?

  Sébastien lui parle avec une impérieuse douceur.

LE SAINT.

955 Femme, tu ne rentreras pas
dans ta maison.

LA MERE DOULOUREUSE.

Est-ce que je leur avais fait
des yeux si grands?

LE SAINT.

Tu ne franchiras pas ce soir
960 ton seuil de pierre.

LA MERE DOULOUREUSE.

Ah, si grands que toute l'horreur
en sort et tout le ciel y entre.
Voyez, voyez !

LE SAINT.

Jamais plus tu ne reverras
965 les Lares derrière ta porte.
Tu le savais.

Ici les filles éclatent en pleurs.

LA MERE DOULOUREUSE.

C'est vrai, c'est vrai. Je le savais.
Je n'ai plus tourné la clepsydre.
Je n'ai plus mesuré le temps
970 que par les gouttes très amères.
J'ai pris dans l'âtre une poignée
de cendre et je l'ai répandue
sur mes cheveux. Salut, foyer !
Et vous, filles infortunées,
975 qui étiez pareilles aux doigts
de la main qui porte la rose,
vous serez les cinq doigts béants

de la main qui laisse l'empreinte
ineffaçable sur le mur
980 fidèle, afin qu'on se souvienne
du meurtre. Adieu.

 Ici les filles s'élancent pour la retenir et l'enlacent.

 LES CINQ VIERGES.

 — Non ! Non !

    — Où vas-tu ? où vas-tu ?
que feras-tu ?

    — Entourez-la,
entourez-la de vos bras, sœurs !
985 Elle est démente, elle est démente.

 — Pour t'enlever, il faut qu'on tranche
nos poignets, qu'on coupe nos bras
jusqu'aux aisselles.

    — O sœurs, sœurs,
soyez fortes pour l'entraîner.
990 — O Bonne Déesse, redouble
la force de notre amour.

    — Non,
non, tu n'iras pas ! Aie pitié !

 — Aie pitié ! Comment pourrais-tu
nous jeter ainsi à la honte
995 et au deuil infini ?

    — Reviens,

reviens avec nous au foyer !
— Rien ne pourra nous séparer
de toi, dans le nombre des jours.
Je t'en fais serment !
     — Je t'en fais
serment !
   — Et moi aussi !
       — Et moi
aussi !
  — Toujours nous resterons
nubiles, pour l'amour de toi,
mère douce, auprès de ton âtre,
auprès des Pénates voilées.

 Tenant d'une main leur mère égarée, elles ramènent de l'autre leurs voiles sur leurs têtes et prononcent à voix basse la parole de la consécration.

— Je me dévoue.
     — Je me dévoue.
— Je me dévoue.
     — Je me dévoue.
— Je me dévoue.

LE SAINT.

Vierges, vierges, ne pleurez pas.
Celui qui garde le foyer
inextinguible a recueilli

ces vœux. Vous aurez vos couronnes,
en mangeant le doux fruit de vie
d'entre les lèvres de la mort.
Il n'y a pas d'autre douceur.
1015 Je vous le dis.

    *La mère se tourne vers lui, dans l'horreur
d'une vaine révolte.*

LA MERE DOULOUREUSE.

O Archer, Archer sans merci,
et tu les prends, et tu les prends !
Je sais. Je traîne à mes épaules
une grappe lourde de vies
1020 condamnées. Elles crient déjà
comme des victimes qu'étouffent
mes voiles. Je suis Niobé,
je suis du sang noir de Tantale,
avec toute ma géniture.
1025 Archer, sous tes traits invisibles,
Repais-toi de mes infortunes
et rassasie-toi de mes deuils.
O fécondité lamentable !
La mort, la mort, de toute part
1030 la mort. L'amour de toute part
l'affronte. C'est moi qui vous traîne,
filles, c'est moi.

LE SAINT.

Il ne tue pas. Il vivifie.
Qu'il te souvienne de la veuve
1035 de Tibur qui, par fer et feu,
criait : « Mes enfants, regardez
en haut, combattez pour vos âmes.
La mort est vie. »

LES CINQ VIERGES.

— Non, nous ne voulons pas mourir !
1040 — Laisse-nous vivre, laisse-nous
respirer encore !
    — Aie pitié
de notre jeunesse.
    — Tu vois
tu me vois, comme je suis jeune,
ô mère. Je suis ta plus jeune.
1045 Je ne veux pas mourir. J'ai peur,
j'ai peur.
    — Aie pitié ! Laisse-nous
à la lumière !
    — Il est si doux
de voir la lumière, de voir
le soleil ; et nos dieux sont bons,
1050 nos dieux sont beaux !

LA MERE DOULOUREUSE.

Je ne peux plus les invoquer,
je ne sais plus les implorer.
Tout croule. Tout s'évanouit.
Et mon cœur défaille, mon âme
1055 est éperdue.

Ici d'une voix grave et ferme son fils Marc l'exhorte, dressant sa tête sur l'affaissement de son corps qui n'a plus de soutien sous les pieds liés.

MARC.

Mère, nous sommes en silence.
Notre amour est crucifié.
Sois avec elles.

LA MERE DOULOUREUSE.

Je viens, je viens. Je suis à vous.

Par une volonté plus qu'humaine, elle s'arrache à l'étreinte de ses filles, qui poussent un cri unanime. Elle marche seule vers les deux colonnes vivantes.

1060 Je suis à vous. Me voici prête,
mes fils. J'entends le battement
de vos cœurs. On a retiré
les soutiens de dessous vos pieds
joints. Et j'entends le craquement

1065 de vos coudes, de vos genoux,
de vos épaules. Je vous porte.
Je suis chargée de vos deux poids.
Où faut-il monter ? où faut-il
descendre ? Je saurai sourire.
1070 Je saurai chanter. Me voici.
J'ai votre faim, j'ai votre soif.
J'enfoncerai profondément
ma bouche dans la plénitude
de la mort. Hommes !

>Ici elle se tourne vers les magistrats, les assesseurs, les bourreaux.

1075 Hommes, je confesse le Christ.
Je suis chrétienne. Qu'on me lie,
qu'on me frappe. Je sais souffrir.
Je veux mourir.

>Ici les cinq vierges se couvrent entièrement la tête, en se serrant l'une contre l'autre, près de leur père toujours enveloppé dans sa toge et taciturne.

LE SAINT.

Gloire, ô Christ roi !

>La multitude accrue s'agite, vocifère, alterne les imprécations et les invocations, les louanges et les outrages, les menaces et les prophéties, diverse et discordante. L'air

s'assombrit. Des sacrificateurs jettent sur
l'autel des poignées d'aromates. On entend
parfois, dans une pause, des femmes sangloter.

GENTILS ET CHRETIENS, QUEL-
QUES JUIFS, LES ARCHERS ET LES
ESCLAVES, HOMMES ET FEMMES,
TOUT LE TUMULTE.

1080 — Sébastien, ami d'Auguste,
tu travailles pour le pressoir !
— Tu travailles pour le charnier !
— O Archer impudent, tout oint
de maléfices !
— Maintenant
1085 on va les entendre chanter
des paroles magiques, comme
Ptolémée, comme Astion,
pour te résister et te vaincre,
ô somnolent !
— Il est malade,
1090 il est endormi dans la graisse,
de la nuque jusqu'au talon.
— Puisque tout est dit maintenant,
qu'on les tourmente.
— Niobé !
Niobé !
— Et suspendez-la,
1095 entre ses gémeaux, au sommet

de l'arcade, par une seule
main !
　　　　　— Voyez Andronique. Il mâche
sa langue bovine.
　　　　　　　　— Il savoure
la sueur salée qui ruisselle
1100 dans les rides de ses fanons.
— Allons ! Qu'on le secoue ! Esclaves,
pincez-le fort aux jambes, vous
qui lui dorlotez sa podagre.
— N'avez-vous pas honte, pourceaux ?
1105 — Debout, debout les serfs ! Debout
les serfs ! Les temps sont révolus.
— Mère des martyrs, sois louée !
— Non sur la cire des tablettes,
mais ton nom est écrit déjà
1110 au livre de vie.
　　　　　　— O sort humble
et magnifique !
　　　　　　— Je me courbe
et je baise la terre, en signe
de ton ventre, mère admirable.
— Ils sont fous, ils sont fous. Des sacs,
1115 des sacs d'ellébore !
　　　　　　　— On étouffe.
Tous les foins coupés du Solstice
sont mis ici à fermenter ?

— En avez-vous, du foin, aux cornes !
— Si c'est le Solstice, prenez
1120 les faucilles et moissonnez.
— Ne tracez pas de mots magiques
sur les dalles.
— Levez les dalles,
si vous osez, levez les dalles.
Les morts vont surgir du charnier
1125 de César.
— Et que les Romains
sachent qu'ils ne sont que des hommes,
rien que des hommes.
— Criez fort,
car votre Sauveur entendra.
Est-il ivre ou somnolent comme
1130 ce bon juge, que son courroux
ne se déchaîne contre nous ?
— O insensés, il était dieu
et il est mort comme un larron.
— On l'a souffleté.
— Il avait
1135 une tunique sans couture.
Les soldats l'ont jouée aux dés.
— Taisez-vous ! Taisez-vous ! Le seul
genou de Jésus se dressant
du saint sépulcre vaut tout l'orbe
1140 de l'Empire.

— Il faut un carnage.
— On ne comprend plus rien.
— Nous sommes
tous enveloppés dans les rets
de la mort.
— Va-t'en ! Je te frappe.
— Ils font des onctions magiques.
1145 Prenez garde.
— Tous ces esclaves
cachent des rouleaux dans les plis
de leurs sayons.
— Il faut attendre.
Le bois du gibet va fleurir.
— Tuez ! Tuez ! Tuez !
— Il faut
1150 la lourde épée ibérienne
qui fatigue le baudrier.
— Ardez-les ou bien ils vous ardent.
— Un Phrygien a mis le feu
à trois temples.
— Qui crée, sinon
1155 le feu ?
— C'est la douleur qui crée.
— Ah, c'est trop attendre. Pourquoi,
pourquoi n'abrèges-tu pas l'heure ?
— Dieu viendra du Midi. Le Saint
descendra du Mont Pharan.

— Juif
du Transtévère, tu pourras
nous fournir des vitres cassées.
— O Archer, je veux te bénir !
— Archer de la vie, je bénis
ton œil, ta main, ton arc, tes traits.
— O Chef, Chef, tu nous as trahis,
tu nous a trahis.
— Tu seras
sculpté dans le basalte noir,
comme Antinoüs.
— O divin !
— Ton parfum est mort, Adonis.
— Divin meurtrier, toi qui tues
et suscites !
— Qu'on lui arrache
l'arc et le carquois !
— Puisqu'il est
maintenant marqué à la paume
comme un larron, qu'on tranche aussi
ses pouces !
— Archer, n'aurais-tu pas
Apollon pour complice?
— Il porte
le premier stigmate.
— Il a fait
le serment militaire. Il porte

un autre stigmate. Il est traître.
1180 — Nul jour ne sera plus ce jour.
— Ce n'est qu'un rêve.
— Je m'en vais.
Ma force est à bout.
— O Beauté,
Beauté, vivre et mourir pour toi !
— Mangeons les offrandes qu'on laisse
1185 par terre, ces figues sabines.
— On ne respire que des rêves,
les rêves qu'enfantent les fièvres.
— Sus ! Que les buccins recourbés
soufflent la bataille !
— O Archers,
1190 bandez vos arcs et rangez-vous !
— Les Niobides !
— Minotaure,
Minotaure d'Asie, gorgé
de vierges et d'adolescents !
— Elles suivront. On l'a écrit :
1195 « Une multitude de vierges
suivra ses pas. »
— Elles sont douces
comme ce lait caillé.
— O vierges,
vierges, que ne puis-je vous faire
mourir d'amour!

— Et des bourreaux
1200 dans les prisons ont violé
des vierges mortes !
— Vous mordrez
la cendre.
— Il faut que tout autel
surnage au sang des adorants.
— Où est le Paradis?
— Ouvrez
1205 vos portes, ouvrez donc vos portes ;
et le Roi de gloire entrera.
— Dieu viendra du Midi. Le Saint
descendra du Mont Pharan.
— Juif
de la porte Capène, viens
1210 nous vendre tes morceaux de verre.
— Qu'on les écorche vifs avec
des tessons de pots !
— O dieux, dieux
renversés, brisés, effacés
en un jour !
— Soufflez sur le feu !
1215 Attisez les charbons !
— Va-t'en.
Je nie.
— Rome n'est que la truie
qui se vautre,

— Sur ce charnier
fumant l'Empire pourrira.
— Debout, les forts, les purs, les bons !
1220 — Hâtez le temps ! Souvenez-vous !
— Petit grec, petit grec, je suis
ton maître.
— O serf, ouvre ton âme
pour voir, et tes poignets sont libres.
— Les voies de l'immolation
1225 sont les plus sûres et le sang
est inépuisable.
— Oh l'horreur,
l'horreur de l'immortalité !
— Mangeons les offrandes. Mangeons
ce raisin sec et ces olives
1230 en saumure.
— Un fromage rond,
un fond d'amphore, des gâteaux.
— Regarde comme la denture
de l'Éthiopien reluit !
— Les sacrifices vous engraissent
1235 et le vin des libations
vous fait trébucher.
— Que le vin
vous sorte des narines !
— Jule,
castrat de la Grande Déesse,

qu'est-ce que tu fais sur l'estrade?
1240 N'as-tu pas même le fouet
du Galle, garni d'osselets?

— Il n'est malade que de crainte,
il n'est ivre que de massique,
stupéfié que par les truffes.
1245 — Appariteurs, soufflez, soufflez!
— Attisez les charbons !
       — Qui donc
le premier foulera la braise?
— Voyez, voyez ! Une des vierges
voilée va rejoindre sa mère.

 Une des cinq vierges voilées se détache du groupe et marche lentement vers les colonnes vivantes.

1250 — Elle veut se perdre.
        — Epione,
sois louée devant l'Éternel !
— Mais ils connaissent des formules
d'incantation qui préservent
de la douleur.
      — Il faut les oindre
1255 de graisse vile, pour détruire
leurs charmes.
      — Voici la seconde !
— Sois louée par le chœur des Anges,
ô Flavie !

F

— Elles étaient belles
comme les yeux sont beaux avant
1260 de pleurer.
— O dieu Minotaure !
— L'homme a-t-il plus de larmes ou
plus de gouttes de sang ?
— Amour,
Amour, sauve-nous !
— Mais c'est toi,
Sébastien, qui les enchantes,
1265 qui les enivres.
— Et tu seras
sculpté dans le basalte noir,
ô Archer, comme Antinoüs
l'Inconsolable.
— Il est très beau.
Regardez-le ! Regardez-le !
1270 — Et la troisième se détache
et suit les autres.
— Sois louée
par les Trônes et les Ardeurs,
Junie !
— L'étoile des Gémeaux
culmine, ô frères.
— Honnie soit
1275 la chienne et toute sa portée !
— Que ta langue ne se détache

plus de ton palais ulcéré !
— Non, vous n'allez pas prévaloir !
— Jetez-les dehors ! Jetez-les
1230 dehors ! Ils puent.
                    — Nous forcerons
vos portes avec la cognée.
— Aux tourments ! La braise est à point.
— Appariteurs, appariteurs,
tout est donc prêt.
                    — Et nous dirons :
1285 « Jamais assez ! Jamais assez ! »
— La douleur est inépuisable.
— Le son du Verbe fut semé
dans la fertilité du meurtre.
— Violences sur violences !
1290 — Jamais assez ! Jamais assez !
— Qui donc le premier foulera
la braise vive ?

  Ici, comme Sébastien est debout, près du
feu bas, il s'offre.

LE SAINT.

Moi, le premier.

  La multitude ondoie. Les archers entourent
leur chef aimé.

LES HÉRAUTS.

— Silence.

— Silence.

— Silence.

1295 Le juge parle.

Jule Andronique, secoué par les assesseurs, fait des gestes vains. Les attestations des Asiatiques dominent la rumeur confuse.

LE PREFET.

Saisissez l'Archer ! Où sont-ils
les sorciers qui...

LES ARCHERS D'EMESE.

— Non! On ne peut pas!

— Qu'on l'empêche
qu'on l'empêche !

— Il est libre encore.

1300 On ne l'a pas jugé. Personne
encore ne peut le soumettre
aux tourments ; car il est un Chef,
il est le Chef de la cohorte
d'Emèse, il est l'ami d'Auguste.

1305 — Il faut qu'avant on le dénonce
à l'Empereur.

— Il faut qu'il soit
jugé par César.

— Et il faut

qu'il soit dépouillé des insignes.
— Qu'on l'empêche de se livrer
1310 à son délire.

LE SAINT.

Archers d'Emèse, archers d'Emèse,
je le ferai.

LES ARCHERS D'EMESE.

— Entendez le son de sa voix.
On en tremble. Tout cœur tressaille.
1315 — Il est sacré par la Manie.
— Il est hors de lui-même. Il porte
un maléfice.
        — Il est la proie
d'un rêve sauvage.
        — O Chef, Chef,
rentre en toi-même !
        — Voyez-le.
1320 Comment pourrait-il se souiller
de ce méfait, étant si beau ?
— Tu ne peux pas !

LE SAINT.

Archers, si jamais vous m'aimâtes,
je le ferai.

Ici un jeune homme à la voix harmonieuse lui adresse la suprême déprécation.

L'ARCHER AUX YEUX VAIRONS.

1325 Tant que tu portes à ton poing
l'arc d'Emèse garni d'ivoire
et d'or, grand, doublé, à deux cornes,
pur comme la lune nouvelle
et criard comme l'hirondelle,
1330 (ô Sébastien intrépide,
Chef à la belle chevelure,
écoute-moi) tant que tu portes
suspendu comme la cithare
par la bande pourpre, plus haut
1335 que l'épaule gauche, le long
carquois oblique à dix-huit dards,
recouvert de peau de panthère,
(ô Sébastien intrépide,
Chef à la belle chevelure,
1340 écoute-moi) tant que tu portes
dans le carquois à dix-huit dards
neuf et neuf vies d'hommes certaines
de ta certitude, seigneur,
tu ne peux pas.

LE SAINT.

1345 O Sanaé, voici mon arc.
Je le serre dans cette main
que perce un invisible clou.
Il est doublé. Mais le tendon

de bête, qui s'ajuste au fût
1350 et qui s'y colle de façon
à ne faire qu'un avec lui,
n'est pas inséparable comme
ce filet de sang qui s'y fige,
tu vois, de l'une à l'autre coche
1355 sans se noircir.

L'ARCHER AUX YEUX VAIRONS.
Nous demanderons aux devins
et aux mages ce qu'un tel signe
montre, seigneur.

LE SAINT.
Je le sais. Or, toi, considère
1360 la figure de l'arc, archer,
puisque tu es marqué par Dieu
qui t'a fait les deux yeux divers,
l'un bleu, l'autre noir, comme jour
et nuit. Tu clos un peu le noir
1365 quand tu vises le but, afin
que ton regard soit tout pareil
à l'air que traverse le trait.
Je t'ai vu. Regarde. Cet arc
figure la Trinité sainte.
1370 Le fût est le Père, la corde
est l'Esprit, la flèche empennée

est le Fils qui donna son sang.
Et il n'y aura plus de taches,
sauf la tache du sang tombé
1375 des mains et des pieds du Seigneur.
Or, cet arc, je te le commets,
et le témoignage vermeil
qui rabaisse l'ivoire et l'or.
Mais je veux lancer ma dernière
1380 flèche, ô Elus de la cohorte
d'Emèse. A qui?

Il prend le dard du carquois, par-dessus son épaule. Un profond frémissement se propage dans la multitude entassée. On s'écarte, on recule.

DES VOIX.

— A qui?
      — A qui!

LE PREFET.
            Appariteurs !

LES VOIX.

— Il a souri.
      — Écartez-vous !
— Qui va-t-il viser?
      — Andronique,
1385 Andronique, prends garde à toi !

Le goutteux souffle et renifle, dans l'effarement.

LE PREFET.

Appariteurs, désarmez-le,
désarmez-le !

VITAL.

Sébastien,
que veux-tu faire?

Les Asiatiques protègent leur chef contre toute atteinte.

LES VOIX.

— Il a souri !
— Car il est infaillible.
— Archer
vairon, ôte-lui l'arc !
— Ils ont
peur, ils ont peur.
— Or qui va-t-il
tuer?
— Non ! « Tu ne tueras point. »
Il a dit : « Tu ne tueras point. »

La quatrième des cinq vierges se détache de Théodote, auquel n'en reste plus qu'une seule.

— Sois louée par tous les Archanges,
ô Télésille !

Sébastien, ayant bandé l'arc et encoché la flèche, se place entre les deux colonnes que charge la passion des deux frères. Il plie un genou à terre, la face vers le ciel.

LE SAINT.

Si je suis digne de servir
Ton Fils, le Martyr des martyrs ;
si j'ai par ma flamme exalté
sur le feu bas Ta vérité ;
1400 si j'ai reçu du Christ Seigneur
ce stigmate de Sa douleur
dans ma main qui en est plus forte,
Adonaï, Dieu des cohortes
invincibles, Dieu des combats
1405 sans merci, ô Toi qui abats
le cheval et le cavalier
dans la mer, Toi qui sans bélier
brises les murs des villes fausses,
Dieu de la foudre, exauce, exauce
1410 cette prière qui s'aiguise
au fer du dernier trait !

Ici il ajuste le trait; puis, renversant le corps en arrière et soulevant tout le bras gauche, il tire de toute sa force la corde jusqu'à la grande veine du cou.

Je vise.

Il vise, les empennes contre l'œil.

Mon Dieu, je te demande un signe,
si je suis digne.

Il décoche le trait vers le ciel pâle, entre les deux colonnes vivantes, au-dessus des lys splendides. Et il regarde, encore à genoux.

Des hommes, des femmes accourent, se pressent, se tendent dans les entre-colonnements, en grande anxiété. Et tous ils regardent si la flèche ne retombe pas.

DES VOIX.

— On ne voit plus la flèche !

— Oui,
1415 je la vois, je la vois.

— Non. Elle
va très haut, très haut, disparaît.

— On ne la voit plus.

— Attendez !

— Silence !

Ils retiennent leur souffle.

— Elle va retomber !

— Attendez !

— Silence ! Silence !

Ils retiennent leur souffle.

1420 — Non, elle ne retombe pas !

— La flèche ne retombe pas !

— Rien ne retombe !

LE SAINT.

Gloire, ô Christ roi !

 Ici il se lève et se retourne.

 Et maintenant je me désarme !
1425 Je suis l'Archer certain du but.
 Sanaé, Sanaé, voici
 l'arc double, le carquois fourni
 de dix-sept sagettes ailées
 et le brassard où est gravée
1430 la figure zodiacale
 du Sagittaire criblé d'astres.
 Je te les commets. Je les offre
 à mes élus de la cohorte
 d'Emèse. Voici.

 Il donne à Sanaé l'arc, le carquois, le brassard. Une claire allégresse l'illumine. Tous les regards dans l'éblouissement sont fixés sur sa face. Il ne sent que l'ébriété de l'élection certaine.

   Je suis libre !
1435 Souvenez-vous. Je suis la Cible !
 Souvenez-vous de ce terrible
 espoir, et que je serai digne
 de demander à Dieu des signes
 plus éclatants.

LES ARCHERS D'EMESE.

1440 Sébastien ! Sébastien !
Sébastien !

 Derrière les appels des hommes on croit entendre d'autres voix, des voix chantantes, de divins échos épars dans l'espace lointain, diffus dans l'immensité du miracle céleste. Tout ici, l'effluve des lys, la fumée de l'oliban, la chaleur de la braise, l'anxiété des âmes, le silence de Vesper, tout devient mélodie mystérieuse.

LE SAINT.

Mes frères, mes frères, j'entends *Magister*
le bruit des chaînes qui se brisent, *Claudius*
sonum
le choc de la hache, l'éclat *dedit*
usque
1445 de la foudre, les quatre vents *ad finem.*
pleins de semences et de cris,
le levain de l'espoir terrible !
Mes frères, mes frères, j'entends
la mélodie du saint combat,
1450 le chœur divin des sept fléaux,
l'annonciation des astres,
et la marche du nouveau dieu
à côté de l'homme nouveau,
et les lisières de la terre
1455 frémissantes comme les bords
d'une bannière qu'on déplie,

et le tonnerre qui relie
dans les tombes, l'âme des morts
aux os des morts !

DES VOIX PARTOUT ÉPARSES.

1460 Sébastien, Sébastien,
tu es témoin !

Il semble que l'invocation du nom admirable soit portée par un chœur angélique, près et loin. Soutenu par ses esclaves, accompagné de la dernière de ses filles, Théodote va rejoindre le groupe dévoué, entre les colonnes saintes.

UNE VOIX.

Sois louée par les Chérubins,
ô toi, la plus jeune, Chrysille !
Toi, par les Dominations,
1465 ô Théodote, sois loué
dans le haut ciel !

Maintenant la mère douloureuse, le vieillard infirme et les cinq vierges occupent l'entre-colonnement et relient par la chaîne de leurs corps les deux âmes patientes. La force même du feu possède sauvagement l'Archer désarmé.

LE SAINT.

Soufflez de près, soufflez de près,
vite, avec des soufflets de forge !

Agenouillez-vous ; et poussez
1470 vos haleines. Agenouillez-
vous ; appuyez-vous sur vos coudes,
enflez vos joues, tendez vos lèvres,
poussez tout le vent de vos âmes
sur les tisons noirs. Que la flamme
1475 jaillisse, que les étincelles
s'envolent comme des abeilles
ivres, que l'ardeur en devienne
sept fois plus ardente, ô Archers,
Archers, si jamais vous m'aimâtes !
1480 Que votre amour je le connaisse
enfin, à mesure de feu !
Otez-moi grèves et cuissards,
genouillères et solerets.
Que je sois nu-pieds et nu-jambes,
1485 comme le vendangeur agile
qui s'apprête à fouler les grappes
rouges dans la cuve fumante !
Apportez les sarments, les ceps,
les branches, les racines mortes,
1490 les écailles des pins et tous
les roseaux de tout le midi
poudreux de soleil, pour la flamme
soudaine, ô frères ; et couvrez
d'un grand bûcher les noirs tisons.
1495 Je danserai plus haut, plus haut

que la flamme, sept fois plus haut.
Je vous le dis.

On lui ôte les solerets, les genouillères, les grèves, les cuissards. Il reste avec les pièces du tronc et des bras sur la nudité de ses longues jambes sveltes.

Tueurs, voici, je me désarme.
J'ai renoncé mon arc, lancé
1500 ma flèche dernière, quitté
mon bon harnois. Et cependant,
voyez, je brûle d'allégresse
comme au début de la bataille
quand les esprits dans le cœur tintent
1505 comme les dards dans le carquois
et que le nerf tendu de toute
force jusqu'au coin blanc de l'œil,
jusqu'à la veine de la tempe
chaude, crie comme l'hirondelle
1510 qui se souvient du sang de Thrace,
ô meurtriers.

Ici il s'avance vers les charbons embrasés. A chaque angle du parallélogramme, une couple d'esclaves éthiopiens se tient accroupie pour soutenir sur la voussure du double dos noir et huileux le grand soufflet de forge à bec de griffon. La rougeur de la braise empourpre tout le portique ; mais déjà le soir tombe sur les jardins, qui en deviennent plus bleus. Les arcades se remplissent d'azur.

Dans le sombre azur, les hautes gerbes des lys commencent à resplendir d'une candeur surnaturelle, comme si leurs faisceaux étaient serrés autour d'un esprit céleste.

Tout à coup des cris éclatent, la multitude ondoie et gronde.

DES VOIX JUBILANTES.

— Miracle !

— Miracle !

— L'aveugle, l'aveugle, la femme d'Attale !

— Miracle !

— Miracle !

— La femme
1515 de Venuste, Alcé la muette !

— Écartez-vous !

LA FEMME MUETTE.

Tu es saint ! Tu es saint ! Je parle.
Je te rends grâce.

LA FEMME AVEUGLE.

Tu es saint ! Tu es saint ! Je vois.
1520 Je te rends grâce.

LES VOIX JUBILANTES.

— Miracle !

— Miracle !

— Miracle !

— O guérisseur !

— Libérateur !

— Tu prévaudras.

Sébastien ne tourne pas la tête, ne semble pas entendre. Il est au bord de la braise comme à la lisière d'une prairie.

LE SAINT.

Me voici prêt, me voici prêt !
1525 Mes pieds sont nus pour la rosée
du Seigneur, et nus mes genoux
pour l'alternance merveilleuse.
O gémeaux, accord de la double
flûte, bras de la grande lyre,
1530 chantez la gloire du Christ roi,
et notre amour ! Chantez une hymne
qui arde jusqu'à leurs oreilles
scellées, jusqu'à leurs cœurs inertes !
Frères, que serait-il le monde
1535 allégé de tout notre amour ?

Il entre dans le parallélogramme de feu. Et les premiers mouvements de la danse extatique allègent ses pieds comme si les Anges avaient noué à ses chevilles des talonnières invisibles.

O doux miracle, doux miracle !
Les lys ! Les lys !

Les engins de bois, de cuir, de fer et de vent accompagnent la danse avec une sorte de respiration titanique. Les jumeaux entonnent leur hymne. Les femmes et les esclaves sont entraînés dans le vertige de la douleur et de l'allégresse. On entend toujours le nom admirable, invoqué par des voix humaines et surhumaines.

LES VOIX.

Sébastien, Sébastien,
tu es témoin !

CANTICVM GEMINORVM.

1540 Hymnes, toute l'ombre s'efface.
Dieu est et toujours sera Dieu.
Célébrez Son Nom par le feu.
Le soleil terrible est Sa face.

Il vient. Il séchera Sa race
1545 vile, comme un marais boueux.
Hymnes, toute l'ombre s'efface.
Dieu est et toujours sera Dieu.

Chantez les œuvres de Sa grâce,
louez Ses œuvres, en tous lieux.
1550 Semez Son Nom mystérieux
dans les poussières de l'Espace.
Hymnes, toute l'ombre s'efface !

Ici la mère se découvre, le vieillard se découvre ; et ils regardent, ravis. Les cinq vierges apparaissent hors des voiles, avec des visages illuminés. Elles haussent la gorge comme des colombes, pour chanter le chant de leurs frères.

LE SAINT.

Je danse sur l'ardeur des lys.
Gloire, ô Christ roi !
1555 Je foule la blancheur des lys.
Gloire, ô Christ roi !
Je presse la douceur des lys.
Gloire, ô Christ roi !

Ce que son âme crée, ses pieds l'effleurent. Il semble s'alanguir comme dans la danse ionienne, et tout à coup il se renverse et se retourne comme le guerrier qui dans la pyrrhique frappe du javelot le bouclier.

J'ai les pieds nus dans la rosée !
1560 J'ai les pieds sur le blé qui pousse !
Je bondis comme l'eau des sources !
Je t'aime, Roi.

Dans une ineffable ambiguïté, le délire alterne avec l'extase, l'ardeur avec la liesse, la saltation guerrière avec la jubilation nuptiale. Toutes les fraîcheurs qu'engendre le printemps de son âme, il les éprouve avec sa chair empourprée par le reflet de la braise. Mais, dans les entre-colonnements, les sept gerbes de lys ont l'aveuglant éclat des lumières séraphiques. Une mélodie indistincte semble surgir derrière l'hymne des sept enfants voués.

C'est comme si j'avais une âme
faite avec des feuilles de saule,
1565 comme si mes veines étaient
faites de musique et d'aurore !
C'est comme si je secouais
un givre d'étoiles sonore !
Je t'aime, Roi.

Il n'y a plus que le délire et l'extase. n'y a plus que la rougeur des feux bas et la candeur des hauts lys. Maintenant la salutation séraphique surmonte l'hymne terrestre.

CHORVS SERAPHICVS.

1570 Salut, ô Lumière,
Lumière du Monde,
Croix large et profonde,
Très-haute Bannière,
Hampe tutélaire
1575 et Verge fleurie,
Signe de victoire
et Palme de gloire
et Arbre de vie !

LE SAINT.

J'entends venir un autre chant.
1580 J'entends les sept luths éternels.

Les lys font toute la lumière.
Ils font toute la mélodie.
Vous les fauchez, et ils renaissent.
Vous les brisez, ils sont debout.
1585 Ils ont la tige impérissable.
Voyez, voyez ! Ils me regardent
comme des Anges couverts d'yeux
pour l'épouvante.

Le rayonnement des grandes gerbes paradisiaques a vaincu la force des feux bas. Tous ceux qui voient, tous ceux qui entendent sont frappés de stupeur et de terreur. Et la transfiguration s'accomplit. Sept Séraphins, sept Lumières de la hiérarchie lumineuse, surgissent des gerbes et s'avancent dans les entre-colonnements. Ils chantent : l'immensité de leurs voix semble la porte ouverte du Ciel.

Voici les sept Témoins de Dieu,
1590 les Chefs de la Milice ardente.

Les femmes, les esclaves, les magistrats, les soldats, les bourreaux, tous ceux qui voient, tous ceux qui entendent, sont tombés, la face contre les dalles. Mais les jumeaux semblent faire un seul corps et une seule clarté avec les colonnes unanimes qui soutiennent le portique du Nouveau Jour.

Tout le ciel chante !

EXPLICIT
PRIMVM SANCTI SEBASTIANI SVPPLICIVM
INCRVENTVM

LA SECONDE MANSION

———

LA CHAMBRE MAGIQUE

LES   PERSONNAGES.

LE SAINT.

LA FILLE MALADE DES FIEVRES.

LES SEPT MAGICIENNES :
PHOENISSE.
ILAH.
HASSUB.
JARDANE.
ATRENESTE.
PHERORAS.
HYALE.

L'AFFRANCHI GUDDENE.
L'ACOLYTE PHLEGON.
LE LECTEUR EUTROPE.

LES CATECHUMENES ADOLESCENTS :
HERMYLE.
GORGONE.
ATHANASE.

LES ZELATEURS :

THEODULE.
CYRIAQUE.
NARCISSE.
BASILE.

L'EUNUQUE ZACHLAS.
L'INTENDANT HELCITE.

LES ESCLAVES :

DEBIR.
MENES.
PANTENE.
LUCIPOR.
CORDULE.
ALCE.
NADAB.
LE DECAN.

LE COCHER DU CIRQUE.

LA TOURBE DES ESCLAVES, DES AFFRANCHIS, DES NEOPHYTES, DES ZELATEURS.

LA VOIX DE LA VIERGE ERIGONE.

LA VOIX DE LA VIERGE MARIE.

N aperçoit une voûte en ellipse, d'une matière si polie qu'elle renvoie toutes les images, à la façon d'un miroir concave. Une porte rectangulaire à deux vantaux, vaste comme le portail d'un temple, est fermée dans la paroi du fond. On y monte par sept degrés peints des couleurs planétaires, comme les sept étages de Ninive, les sept enceintes d'Ecbatane. Deux idoles solaires, deux colosses entièrement vêtus de spires serpentines jusqu'aux pieds onglés et ailés, tenant dans les deux mains deux clefs symétriques, supportent le linteau monolithe où est gravée une inscription chaldéenne. La face du Soleil et la face de la Lune brillent sur les vantaux de bronze aux gonds énormes.

A droite et à gauche, percées dans la courbe extrême de la voûte qui retombe et s'appuie sur les dalles, deux issues basses, noires d'ombre, semblent les bouches de deux longs couloirs dédaléens.

Des chaînes d'or enchaînent à sept cippes triangulaires sept femmes coiffées de mitres et habillées de robes traînantes. Chacune, dans la cavité de chaque cippe, entretient le feu coloré de chaque planète. Et, comme elles se penchent sur les creusets occultes, leurs visages se colorent diversement entre leurs tresses tordues en cornes de bélier. La magicienne de Saturne a le visage livide, presque noir ; la magicienne de Jupiter l'a rouge clair; la magicienne de Mars, rouge sombre ; la magicienne de Mercure, bleu ; la magicienne de Vénus, changeant ; la magicienne de la Lune, argenté ; la magicienne du Soleil, tout or. A leurs pieds gisent des coffrets, des corbeilles, des urnes, des fioles, des coupes, des tablettes. Et, penchées, elles épient les fusions sublimes, à travers leurs masques planétaires qui tour à tour s'avivent et pâlissent en dégradant par d'indicibles nuances.

Comme la sirène qui souffle dans la nacre de la conque tordue, chacune chante profondément dans le charme de la pierre creuse.

PHOENISSE.

Un nouveau Signe est dans l'espace. *Magister*
Un royaume trouve son roi. *Claudius*
Le jour tremble. La nuit s'efface. *sonum dedit.*

ILAH.

1595 O Temps, ô Temps, sable fugace
et goutte d'eau pâle qui choit !
Un nouveau Signe est dans l'espace.

HASSUB.

O Rêve, entre la vie qui passe
et la mort qui dure, isthme étroit !
1600 Le jour tremble. La nuit s'efface.

JARDANE.

Ame frêle dans la chair lasse,
ivre d'espoir, folle d'effroi !
Un nouveau Signe est dans l'espace.

ATRENESTE.

Il paraît. Qui est-ce qui lace
1605 la sandale de son pied droit ?
Le jour tremble. La nuit s'efface.

PHERORAS.

Il monte. Son front est la place
de la lumière, qu'Il accroît.
Un nouveau Signe est dans l'espace.

HYALE.

1610 Les mers sont les bords de sa tasse,
l'aube est une perle à son doigt.
Le jour tremble. La nuit s'efface.

PHOENISSE.

Dans l'amour est toute la grâce.
Le sourire est la seule loi.

1615 Un nouveau Signe est dans l'espace.
Le jour tremble. La nuit s'efface.

> L'ombre qui tombe de la voûte est éclairée par les sept figures immobiles des Voyantes, comme par sept lampes magiques. Ici, soudain, éclate l'appel de Sébastien dans l'obscurité du dédale.

LE SAINT.

A moi, Guddène ! A moi, Phlégon !
J'ai trouvé l'issue. Entends-tu
ma voix, Guddène ? Les détours
1620 sont douteux. Ne t'égare pas !

> Il s'élance. Il a l'aspect farouche du destructeur. Un marteau pesant est à son poing, le marteau du tailleur de pierre, à deux têtes dont l'une armée de pointes pour entamer le bloc. Comme il découvre la grande porte, il monte impétueusement les marches de l'escalier.

La porte ! La porte ! Je vais
t'arracher de tes gonds scellés.

> Il frappe avec son marteau le vantail retentissant. Les femmes aux chaînes, sans détourner du cippe leur visage illuminé, jettent un cri d'effroi.

Qui êtes-vous ?

> Il est debout sur le septième degré, s'adossant au vantail du Soleil, qui semble porter

dans son disque la tête juvénile pareille au chef du Baptiste dans le plat d'or suspendu.

LES MAGICIENNES.

Qui es-tu? Qui es-tu?

LE SAINT.
      Vous êtes
1625 enchaînées à l'œuvre des charmes, magiciennes.

 Elles sont toutes frémissantes dans la fixité de leur vision, comme des arbustes feuillus qu'un vent bas agiterait sans mouvoir la fleur de la cime.

LES MAGICIENNES.

Nous avons vu, nous avons vu
la grande image.

PHERORAS.

Mais nous ne pouvons pas encore
1630 nous détourner, seigneur, si même
tu es un dieu.

LE SAINT.

Qui êtes-vous?

HASSUB.

Observe nos faces penchées.
Nous gardons les feux des planètes.

1635 Vois-tu les aspects des métaux
qu'elles engendrent, aux couleurs
de nos faces?

> La réverbération du feu secret dans la cavité du cippe devient de plus en plus forte, suivant le rythme incantatoire. Une anxiété croissante exalte ou rompt la voix de celle qui évoque les aspects de l'avenir.

Je suis Hassub.
Je suis gardienne de Nabou,
que les Latins nomment Mercure.
1640 Ne suis-je pas bleue comme l'ombre
de l'âme où la pensée repose
pareille à un éclair voilé,
comme l'ombre où lente mûrit,
pareille au saphir solitaire,
1645 la parole qui changera
le monde et vaincra le tombeau?
Mais d'où viens-tu? Quel dieu, quel maître
apprit à tes lèvres si jeunes
les blasphèmes impérissables?
1650 Qui est contre toi? Tout l'azur
rayonne. Lumière! Lumière!
Lumière! Tu te tiens debout,
cambré comme l'arc de tes lèvres
dans le sourire. Tu parais
1655 hérissé de rayons. Tu portes

la couronne d'or et la palme.
Ah, qui es-tu ?

Le feu s'éteint, la figure s'éteint comme les pierreries de la mitre. Semblable à une larve morne, la femme s'affaisse sur la dalle, contre le cippe, dans ses propres chaînes ; et elle y reste accroupie, silencieuse, près des coffrets, des corbeilles, des urnes, des fioles, des coupes, des tablettes.

PHOENISSE.

Je suis Phœnisse, la gardienne
de Dilbat qu'on nomme Vénus
1660 la déesse mère de Rome,
la fleur de la vague fleurie,
volupté d'hommes et de dieux.
Tu la dédaignes ! Ses statues
s'écroulent. Regarde, regarde
1665 mon visage changeant ! Mon cœur
malade ondoie dans la mer chaude
de Phénicie. L'écume est comme
la bave des pleureuses lasses
de crier leur désir. J'entends
1670 les lamentations des femmes
qui déchirent tous les nuages
du soir et du benjoin. Je vois
le bel Adolescent couché
sur le lit d'ébène. Une fraîche

1675 blessure est sur sa cuisse blême.
Les femmes s'acharnent. Des roses
naissent du sang, des anémones
naissent des larmes. Il est mort,
le Bien-aimé !

Elle renverse la tête en arrière, éteinte. Elle s'écroule comme un monceau de cendres. Elle reste au pied du cippe, avec ses chaînes, comme l'esclave morte de fatigue qui s'abat au pied de la meule sans quitter la sangle.

PHERORAS.

1680 De l'or ! De l'or ! Je vois de l'or
qui resplendit, de l'or qui tombe,
de l'or qui couvre et qui étouffe ;
des colliers, des anneaux, des torques,
sans nombre, sans nombre ; des choses
1685 étincelantes et pesantes
sans nombre, le poids du trésor,
le supplice du métal jaune ;
car je suis Phéroras, gardienne
de Jupiter. Et l'Empereur
1690 te regarde, vers toi s'incline,
halette. Tu as dans ton poing
sa victoire d'or. Mais tu souffres,
tu souffres. Sur toi le tonnerre
triomphal des buccins résonne.
1695 Tu appelles ton dieu, tu nommes

un seul dieu devant tous les dieux.
Des hommes crient au sacrilège.
Orphée! Orphée!

Elle n'a plus de couleur. Toute blême, elle tend ses bras enchaînés ; puis, elle semble se casser comme la tige du pavot frappé par la verge. A terre, elle incline la tête sur ses genoux soulevés.

JARDANE.

Apollon! Apollon! On coupe
1700 les cordes à la lyre, comme
une chevelure tendue.
On la tient par l'une des cornes
d'ivoire, comme une victime,
pour la mutiler. On entend
1705 des cris. Tu es impie, tu es
impie. Tu offenses mon dieu.
Je suis Jardane, la gardienne
du grand luminaire Samas,
nommé par les hommes Soleil,
1710 Paian Lyre-d'or, Arc-d'argent.
La lyre heptacorde, figure
des sphères chantantes, est-elle
un gibet? Pourquoi étends-tu
les deux bras, joins-tu les deux pieds,
1715 comme les esclaves en croix?
Tu pourrais encore être un dieu,

avoir ton temple. Pourquoi donc
veux-tu mourir ?

Elle s'abandonne sur le cippe éteint comme la pleureuse sur la stèle funèbre. Elle s'y accoude ; elle appuie son front sans rayons sur ses poignets croisés.

ILAH.

Tu ne meurs pas, tu ne meurs pas
1720 de cette mort. Je sais mieux voir.
Je vois jusqu'au plus obscur coin
des douze lieux. Je suis Ilah.
Je forge la lame de plomb.
Je suis gardienne de Saturne,
1725 de la planète meurtrière.
Les crimes rougissent les pieds
vains du Temps qui foule sans bruit
de gros caillots rouges et mous
comme tes anémones. Suis-je
1730 livide, du menton au front,
comme la violette ou comme
la meurtrissure ? Tu me troubles,
tu me troubles. Les profondeurs
tressaillent. Des ombres surgissent
1735 pareilles aux feuillages morts
d'un arbre noir chassés de tombe
en tombe par le vent stérile.
Tu es resplendissant de plaies.

Tu es comme criblé d'étoiles.
1740 Autour de toi des ailes battent.
Tu as la couronne et la palme.
Ah, qui es-tu?

> Obscurcie, elle palpite encore sur la dalle froide. Puis, elle compose en rond son long corps souple, comme le lévrier qui s'endort après la chasse.

ATRENESTE.

Que de fer! Que de fer! C'est Mars
qui l'engendre, nommé Nergal
1745 outre mer. Je suis Atreneste,
qui garde l'astre destructeur.
J'ai dans une gaine une épée
qui embaume des deux tranchants,
parce qu'elle a coupé les herbes
1750 dans le jardin de Proserpine.
Et tout le reste est sang et rouille.
La nuit tombe. L'arbre est sans fleur.
Et toute ton âme est sur toi
comme de la pourpre sans plis.
1755 Pour quel amour, pour quel espoir,
pour quelle éternité meurs-tu?
Qui met son souffle entre ton cœur
et tes lèvres? Je vois des fers
aiguisés, des fers empennés.
1760 Le premier te frappe au genou,

se fixe en tremblant dans le nœud
de l'os ; mais le dernier te perce
d'outre en outre la veine chaude
où le cou se joint à l'épaule...
1765 Tu souris ! Tout le ciel vivant
est suspendu comme un regard
entre la larme de Vesper
et ce sourire.

 Décolorée comme son charme, elle vacille
et tombe sur ses genoux. Puis elle s'assied
sur ses talons et demeure, les bras allongés
sur ses cuisses, comme inanimée, semblable à
ces vases funéraires dont le couvercle est une
tête divine.

HYALE.

Ils dressent, ils dressent le corps
1770 vivant sur leur autel de pierre
comme la statue sur le socle !
Il n'a plus de sang, il est pur ;
car même les veines des dieux
charrient la rougeur du désir
1775 plus salée que l'eau de la mer.
Il n'a plus de sang, il est pur.
Il est plus divin que le marbre,
plus doux que la perle sculptée,
plus pâle que toutes les choses
1780 les plus pâles. Je suis Hyale,

DE SAINT SEBASTIEN

la gardienne du luminaire
exsangue que les mortels nomment
Lune. Et à mes yeux sont connues
toutes les pâleurs de la Terre,
1785 de la Mer, du Ciel, de l'Hadès,
et des rêves,

> Lentement, lentement, dans le cippe cave, le métal lunaire se refroidit, bleuit, faiblit.

de tous les rêves
qui renaissent, de tous les rêves
évanouis...

> La gardienne de Sin semble s'écouler le long de la pierre comme une nappe d'eau silencieuse et lisse. Une lueur vague hésite encore sur sa figure entourée de tresses violettes, semblable à la lueur des méduses marines. Elle reste ainsi effacée dans les plis de sa robe, les paumes creuses comme celles où l'on s'abreuve aux bords du Léthé.
> La voûte s'emplit de nuit souterraine. Le Jeune Homme, enveloppé de songes et de sorts, est encore debout contre la porte de bronze. Et, soudain, un chant pur se lève au delà du seuil infranchissable.

ERIGONEIVM MELOS.

Je fauchais l'Épi de froment, *Magister*
1790 oublieuse de l'asphodèle; *Claudius*
mon âme, sous le ciel clément, *sonum*
dedit.

était la sœur de l'hirondelle ;
mon ombre m'était presque une aile
que je traînais dans la moisson.
1795 Et j'étais la Vierge, fidèle
à mon ombre et à ma chanson.

C'est le cristal doré d'une voix virginale qui se courbe sur l'âme comme un ciel d'août. Anxieux, le Jeune Homme écrase sa joue contre le vantail. Les Voyantes soulèvent leur tête grave de sommeil et l'inclinent vers la mélodie. Elles murmurent en rêve.

HYALE.

Elle est Erigone, la Vierge.

PHOENISSE.

Elle est Erigone.

ATRENESTE.
     La Vierge
à l'Épi d'or !

LE SAINT.

1800 Gardienne de la porte close,
créature d'enchantement,
écoute-moi, femme ou démon,
écoute ! Je veux que tu m'ouvres,
femme ou démon.

ERIGONE.

1805 Enfant d'un mortel, qui es-tu?
Je te vois à travers l'airain
sonore. Je te vois. Tu es
beau dans ta fleur, comme le dieu
qui m'aima, le dieu bondissant
1810 porteur de thyrse.

LE SAINT.

Entends-moi ! Je veux que tu m'ouvres,
femme ou démon.

ERIGONE.

Tu as les yeux noirs et la longue
chevelure du dieu cruel
1815 qui pressa sur ma nuque rose
les trois grappes de la douleur,
l'une après l'autre.

LE SAINT.

Fantôme, fantôme de charmes,
je te conjure.

ERIGONE.

1820 L'incantation de Setar
me force. Je suis prisonnière.
J'ai volé parmi les étoiles

du Lion, portant mon épi
d'or et mes larmes.

LE SAINT.

1825 Fantôme, j'abattrai la porte ;
et le Roi de gloire entrera.
Au secours, frères !

Il descend les degrés et court vers l'issue noire, en brandissant le marteau.

A mon aide !
Où êtes-vous ?

Ici les lueurs des flambeaux éclairent l'issue. On entend des pas, des voix. Et l'affranchi Guddène, l'acolyte Phlégon, le lecteur Eutrope, les catéchumènes adolescents Hermyle, Gorgone, Athanase, d'autres briseurs d'idoles, Théodule, Cyriaque, Narcisse, Basile, armés de marteaux et de massues, font irruption dans l'ombre que les lueurs troubles agitent. Des esclaves les suivent, s'arrêtent, hésitants ; d'autres surviennent, effrayés ou enivrés. On plante les flambeaux dans les poings de fer qui font saillie hors de la pierre.

GUDDENE.

Seigneur, seigneur, d'autres idoles,
1830 d'autres idoles, en grand nombre,
découvertes dans la muraille
double ! Nous avons renversé

les dieux d'airain, brisé les dieux
de marbre, brûlé ceux de bois,
1835 arraché les plaques d'ivoire,
écrasé les couronnes d'or,
souillé toutes les bandelettes.
Et il n'y a plus une idole
chez Jule Andronique. Nous sommes
1840 las, seigneur. Nous mourons de soif.
Nous avons tué tant de dieux,
tant de démons !

HERMYLE.

Aucuns étaient beaux.

GORGONE.
     Des regards
sortaient de l'airain et du marbre.

ATHANASE.

1845 J'ai vu couler du sang, des larmes.

PHLÉGON.

C'était le vin, c'était le miel
des offrandes.

EUTROPE.
    Il ne faut pas
les regarder.

GUDDENE.

Je détournais
les yeux, en assénant les coups.

LE SAINT.

1850 Voyez la porte !

HERMYLE.

Il y a des femmes couchées
sur les dalles.

ATHANASE.

Avec des mitres.

GORGONE.

Elles ne remuent pas.

ATHANASE.

Sont-elles
enchaînées ?

HERMYLE.

Des magiciennes.

LE SAINT.

1855 Il faut abattre cette porte.

GUDDENE.

Elle est d'airain.

EUTROPE.
    Elle est massive.
PHLEGON.

Elle a des gonds inébranlables.

BASILE.

On ne distingue pas le joint
des deux vantaux.

NARCISSE.
    Ni la serrure.
PHLEGON.

1860 Qui a la clef?

GUDDÈNE.
    Où est la clef?
EUTROPE.

Qu'on appelle Zachlas l'eunuque !

PHLEGON.

Qu'on appelle Helcite !

GORGONE.
    Sait-on
ce qu'elle cache ?

BASILE.
    Un labyrinthe.
THÉODULE.

Le laraire des dieux honteux.

CYRIAQUE.

1865 Un cellier, peut-être.

NARCISSE.
      Un trésor.

GORGONE.

Un tombeau.

ATHANASE.
     Des monstres.

HERMYLE.
       Un rêve.

EUTROPE.

Voilà le Syrien !

LE SAINT.
     Helcite !

On voit ici l'intendant de Jule Andronique percer la tourbe des serfs qui, de plus en plus épaisse, encombre les issues. Il est jaune et onctueux comme la cire, mince et flexible, avec de beaux yeux de lièvre agrandis par le fard et par l'angoisse.

Donne la clef de cette porte.
Ouvre, toi-même.

HELCITE.

1870 O seigneur, mon maître est mourant.
Il gémit dans sa couche. Il nomme

ton nom. Il t'appelle, il t'adjure,
seigneur. N'avais-tu pas promis
de le guérir, s'il te laissait
1875 briser les images des dieux
dans ses maisons, dans ses portiques,
dans ses jardins? Tu es venu
seul, à la tombée de la nuit ;
et, plus tard, d'autres destructeurs
1880 sont venus avec des marteaux
bien plus lourds. Tu as renversé
les statues, les autels. Tu as
chargé d'épouvante et de crime
la nuit. Nous sommes tous tremblants.
1885 On voit des larves, on entend
des sanglots. Les esclaves hurlent
dans l'ergastule, ou se rebellent,
ou invoquent le changement.
Nous avons perdu tous nos dieux,
1890 en vain. Mon maître, dans les nœuds
de la douleur, t'appelle, toi
qui as guéri l'aveugle, toi
qui as consolé la muette,
toi qui sur cette chair souffrante
1895 as fait pacte de délivrance
sans le remplir !

LE SAINT.

Il est dans les nœuds de la fraude.
Il est tout noué de mensonges.
La Peur d'un côté de sa couche
1900 se tient, et la Ruse de l'autre.
Tu vois, tu vois. Il me cachait
les incantations, les charmes,
les sortilèges et les philtres,
et toutes ses magiciennes
1905 impures, avec tous ses rites
impies. Tu vois.

   Il indique au Syrien les femmes abattues près des cippes.

GUDDENE.

Nous avons trouvé dans les niches,
derrière les statues, des livres
et des tablettes.

PHLEGON.

1910 Un esclave nous a mentré
tout à l'heure, dans une chaise
du maître, enlevant une planche
d'ivoire, un amas de rouleaux
magiques ; puis des calcédoines
1915 gravées d'images et de chiffres ;
et puis des mains d'argent, des têtes
d'argile crue...

LE SAINT.

Et ces sept femmes enchaînées?
Réponds, Helcite.

HELCITE.

1920 Seigneur, elles sont des captives
de Sidon qui seules possèdent
le secret des teintes en pourpre,
réservées jadis aux grands prêtres
et aux voiles du Temple. Il faut
1925 qu'on les enchaîne.

LE SAINT.

Homme, tu mens. Or, si ton maître
veut se délivrer de ses maux,
qu'il manifeste ce qu'il cache.
Il me faut détruire avant l'aube,
1930 ici, toute œuvre des démons.
La nuit est brève.

HELCITE.

Il y a des jardins, je pense,
des jardins suspendus avec
ces arbres odorants d'où coule
1935 ce baume qu'on nomme sarran,
plus doux que tous les aromates.
Et personne autre n'a joui

de ces arbres, fors le seigneur.
Jamais je n'ai franchi ce seuil.
1940 Et je ne sais. Mais toi, peut-être,
tu sais, Zachlas.

L'Égyptien est debout, enveloppé d'un pagne bleu, un pied en avant, les deux mains ballantes.

LE SAINT.

Homme, tu mens.

ZACHLAS.

Ni moi non plus, je n'ai franchi
ce seuil. Je sais qu'il n'y a pas
1945 de dieux, pas d'images divines,
mais des merveilles, comme l'orgue
hydraulique de l'empereur
Néron, rétabli par Eunoste.
Et, quand Jule était en Égypte,
1950 un homme de Phylace vint
et dit qu'il voulait lui montrer
le monstre disparu qu'on nomme
Hippocentaure chez les Grecs,
embaumé dans du miel. Je doute
1955 que cette merveille ne soit
enfermée là...

EUTROPE.

Frappe-le, donc, au nom du Christ,
frappe-le, cet adorateur
du Chien et du Bœuf. Frappe fort!
1960 Il ose se jouer de toi.
Qu'on le châtie!

    *Des affranchis de la famille surviennent,
l'un après l'autre, essoufflés, effarés.*

LES AFFRANCHIS.

— O Helcite, Helcite! Zachlas!
— Comment ne revenez-vous pas?
— Il est à bout.
                — Seigneur, seigneur,
1965 il t'appelle. Viens le guérir!
Tu l'as promis.
             — Viens l'arracher
aux affres de la mort!
               — Son fils
Vital te supplie, te conjure.
— Comment pourrais-tu le trahir?
1970 — Tu as accompli la ruine.
Accomplis enfin la promesse.
— Partout est l'horreur et l'effroi.
On ne marche plus. Les statues
renversées encombrent les seuils.
1975 Des bûchers brûlent. Les esclaves

se pressent traînant leurs malades.
Les femmes pleurent. Les enfants
crient. Tous les détours sont bouchés
par cette masse lamentable
1980 que rien n'écarte ni n'arrête.
Que feras-tu?

LE SAINT.

Laissez qu'ils viennent. Le Royaume
des cieux est semblable au levain
que la plus humble de ces serves
1985 cache dans trois muids de farine
jusqu'à ce que toute la masse
lève et fermente.

UN DES AFFRANCHIS.

Mais que feras-tu de ton hôte,
ô destructeur?

LE SAINT.

1990 Que cet homme, chef de maison,
tire de son trésor des choses
nouvelles et ne cache pas
les anciennes. Le dieu nouveau
le guérira.

HELCITE.

1995 Or il veut qu'on ouvre la porte
d'airain. Or il veut tout détruire.

Allez et portez le message
à Vital, qu'il vienne et résolve.

LES AFFRANCHIS.

— Tu veux détruire le prodige
de Setar, la Chambre magique !
— On a dépensé des milliers
de sesterces, pour l'établir.
— Et de l'or, du cristal, du bronze,
des verreries, des pierreries,
sans nombre.

HELCITE.

    Tais-toi ! Tais-toi !

LES AFFRANCHIS.
        C'est
le Zodiaque circulaire,
comme celui de Cléopâtre.
— Et l'ordonnance des planètes
les cercles de la géniture,
les cycles des lieux.
     — O seigneur
très saint, et comment pourrais-tu
la détruire, cette merveille
des merveilles?
    — Elle simule
la lyre heptacorde d'Orphée.

2015 — On peut tout prédire et connaître
par les tables des mouvements,
par les combinaisons des signes.

ZACHLAS.

Taisez-vous ! Taisez-vous !

LES AFFRANCHIS.   — Seigneur,
non, tu ne la détruiras pas !
2020 — Elle contient les domiciles
planétaires et les trigones
et les décans, d'après les listes
de Démophile.   — Et le quadrant
vital, avec les horoscopes
2025 aphètes de Ptolémée.   — Sois
juste ! Sois clément !   — On y trouve
le Thème du Monde et de Rome,
les domaines des Douze Signes,
et les Douze Sorts hermétiques.
2030 — Parfois l'incantation force
la Figure zodiacale
à descendre, et la tient captive
dans l'or, le cristal et l'airain.
— La Vierge à l'Epi d'or, la femme

2035 couchée sur le cercle, la tête
en avant, est bien ta patronne,
seigneur. Pourrais-tu la frapper?

— Elle protège les Chrétiens.
— Peut-être, elle est la sœur des Anges
2040 révélateurs de l'Avenir.
— Déjà tes Patriarches sont
dans le Zodiaque, tes Anges
dans les planètes.
— Samael
est l'Ange de Mars ; Anael,
2045 l'Ange de Vénus ; Gabriel,
l'Ange de la Lune.
— Setar
le Mage, le grand astrologue
théurge de la descendance
de Bérose, a fondé cette œuvre
2050 dans la pierre et l'airain. Comment,
comment pourras-tu la détruire,
seigneur?

LE SAINT.

Je détruirai cette œuvre
des démons. Je vaincrai la pierre
et l'airain. J'abattrai la porte.
2055 Et le Roi de gloire entrera.

UN DES AFFRANCHIS.

Seigneur, trois Mages, cependant,
se trouvèrent à la naissance
du Christ. Dieu se servit d'un astre
pour les avertir. Et, afin
2060 que le présage fût compris,
ne dut-il pas observer toutes
les Règles?

LE SAINT.

   L'étoile des Mages
vint annoncer la royauté
nouvelle et la fin des démons.

L'AFFRANCHI.

2065 Elle était un signe horoscope.

LE SAINT.

Elle fut clouée par mon Dieu
au cœur vivant du Ciel, en gage
de la parole radieuse
parlée par la bouche de l'Oint.
2070 Tu la sauras.

 Par tous les détours du dédale, à la double issue, se prolonge la clameur du troupeau. Des malades paraissent, aux bras de leurs parents, agités, illuminés d'espoir.

LES ESCLAVES.
— A toi, nous venons tous à toi,
seigneur !
— Nous sommes tous à toi!
— Nous t'avons attendu, berger !
Berger, nous sommes ton troupeau.
2075 Garde-nous !
— Nous avons veillé
toute la nuit dans les ténèbres
pour attendre le changement.
— Plusieurs d'entre nous ont marqué
l'heure d'attente avec les gouttes
2080 les plus tristes de leurs ulcères.
— Nous avons crié, sangloté
vers toi pour que tu nous rachètes
et nous délivres, vers toi, maître,
pour que tu nous guérisses et
2085 nous consoles.
— Si nous pleurons,
serons-nous consolés?
— Tu vois :
nous moulons le blé ; mais la force
nous broie, comme du blé mauvais,
entre deux pierres.
— Nous avons
2090 saigné, nous aussi, sous les verges,
sous les lanières.

— Si les dieux
marchent sur les hommes, les hommes
marchent sur nous, avec l'os dur
de leur talon.
　　　　　　— Jamais un dieu
2095 n'a rien fait pour nous soulager,
ni jamais un homme. Celui
que tu annonces, homme et dieu,
que fera-t-il pour notre faim
et pour notre soif, pour nos cœurs
2100 et pour nos poignets?
　　　　　　　　　　— Apprends-nous
le cri qui sera écouté,
seigneur !
　　　　　　— Apprends-nous la prière
qui sera exaucée !
　　　　　　　　— Tu as
descellé les yeux de la femme
2105 d'Attale. Or elle te regarde.
— Et tu as délié la langue
d'Alcé, la femme de Venuste.
Or elle te loue.
　　　　　　　　— Nous voici,
seigneur. Ne guéris pas le maître,
2110 mais guéris les serfs.
　　　　　　　　— Si tu veux,
seigneur, tu peux.

LE SAINT.

Hommes, m'avez-vous vu toucher
de mes doigts les yeux de l'aveugle?
Ai-je donc touché de mes doigts
2115 les lèvres d'Alcé? L'une a vu,
l'autre a parlé ; mais leur foi seule
les a guéries. Votre foi seule
vous guérira.

LES ESCLAVES.

Seigneur, nous voulons voir un signe
2120 de toi !
— Un signe !
— N'est-il pas
le Guérisseur, celui dont tu
nous apportes le témoignage?
— N'est-il pas le Consolateur?
Et ne viens-tu pas en son nom?
2125 — Tu as renversé les statues
d'Asclépios, de Télesphore,
d'Hygie, dispersé les offrandes
votives, foulé les couronnes,
brisé les tables de prodiges.
2130 Et tu veux nous laisser nos fièvres,
nos plaies, nos ulcères, nos veines
relâchées, nos os fléchis, tous
nos maux et toutes nos souffrances !

— Ton dieu n'est-il pas plus puissant
que le petit dieu qui grelotte
sous son capuchon?
— Moi, je suis
de Titane, et je suppliais
Alexanor.
— Et moi, je suis
macédonien, et j'offrais
à Darrhon mes vœux.
— Mais ton dieu
n'est-il pas le dieu des miracles?
— Tu as renversé Apollon
qui tue et qui guérit. Le tien
ne tue jamais, guérit toujours.
— Debir, Ménès, parlez, parlez,
vous qui cachez dans vos poitrines
les Écritures roulées.
— Toi,
Pantène.
— Lucipor de Thrace,
et toi.
— Car on lit sous la lampe
mourante, jusqu'à l'aube claire,
toutes ses guérisons.
— La femme
d'Hur, courbée comme la glaneuse
aux champs, qui n'avait jamais pu
se redresser.

— Et ce lépreux
surgi tout blanc dans le soleil,
quand Il venait de la Montagne.
— Et ces hommes qui descendirent
par l'ouverture faite au toit
le paralytique étendu
sur le grabat.
— Et, aux pays
des Gadaréniens, les deux
démoniaques bondissant
des sépulcres.
— Et, quand déjà
les joueurs de flûte venaient
avec les pleureuses au deuil,
l'enfant de Jaïre saisie
par la main, tirée du sommeil.
— Et, dans la contrée de Sidon,
l'enfant de la Cananéenne,
possédée de l'Esprit impur.
— Et, sur la mer de Galilée,
cette multitude sans pieds,
sans mains, sans yeux, sans voix.
— Et l'homme
qui amena le lunatique
fasciné par l'eau et le feu,
disant : Aie pitié de mon fils.
— Et, aux portes de Jéricho,

le fils aveugle de Timée.
— Et, dans la ville de Naïm,
2180 le fils de la veuve porté
en terre, quand Il s'approcha,
toucha le cercueil, et soudain
le mort se dressa.
— La main sèche
fut saine.
— Dans la Samarie,
2185 les dix lépreux ensemble furent
purifiés.
— L'homme malade
depuis trente-huit ans, à la Porte
des Brebis, toujours en attente
sur la piscine, se leva
2190 et s'en alla.
— Dans la maison
du Pharisien, l'hydropique
fut allégé de ses eaux tristes,
soudainement.
— L'Hémorroïsse,
exsangue depuis douze années,
2195 n'eut qu'à le suivre et à toucher
sa robe de lin.
— Souviens-toi !
Souviens-toi !
— Toujours, au coucher

du soleil, près des sources, près
des citernes, sur les chemins,
2200 sur les rivages, sur les places
publiques, on lui amenait
des tourbes de démoniaques
et d'infirmes. Il suffisait
qu'ils disent : Aie pitié de moi !
2205 — Il crachait à terre, formait
de la boue avec sa salive.
— Qu'il te souvienne de Lazare,
Ménès, toi qui as lu !
      — Lazare,
l'homme de Béthanie !
      — Seigneur,
2210 et tu ne veux pas nous donner
des signes !
    — Mais Thomas lui dit :
« Il y a une seule chose.
Nous voulons voir des morts couchés
au fond des tombeaux, que tu aies
2215 ressuscités : et cela comme
signe. »
    — L'apôtre demandait
un signe !
    — Thomas lui disait :
« Nous voulons voir des ossements
qui se sont disjoints, comment ils

2220 se réuniront l'un à l'autre,
en sorte qu'ils puissent parler. »
— Que répondit-Il ?
— Quelle fut
sa réponse?
— « Thomas », dit-Il
« viens avec moi. Les os disjoints
2225 se réunissant de nouveau,
je te les montrerai. Viens donc,
viens jusqu'à Béthanie, Didyme,
viens. Je te montrerai les yeux
de Lazare qui sont vidés
2230 par la pourriture. Didyme,
viens avec moi. Les lèvres blêmes,
déjà dissoutes sur les dents
de Lazare, tu les verras
remuer, tu les entendras
2235 parler. Viens avec moi, Didyme,
jusqu'à Béthanie, si tu veux
voir et entendre. »

Sébastien bondit, dans un emportement
soudain. Le Copte s'interrompt ; et son teint
de cuivre jaune semble se décolorer sous ses
cheveux noirs et frisés, tandis que sa lèvre
charnue tremble.

LE SAINT.
Esclaves, esclaves, oui, cœurs
épaissis ! Ménès, tu as lu,

2240 tu as bien lu, avec tes yeux
ronds d'oiseau nocturne, oui, oui,
je te le dis en vérité,
tu as bien lu. « Viens avec moi,
Didyme, » le Maître disait
2245 « si tu cherches à voir des os
se rejoindre les uns aux autres,
se dresser, marcher vers la porte
du tombeau. Tu cherches des mains
qui s'étendent, qui se soulèvent.
2250 Viens, je te montrerai les mains
de Lazare liées de leurs
bandelettes. Mon doux ami,
viens avec moi ; car je désire
ce que tu as pensé. Les sœurs
2255 m'attendent. » Et ils s'en allèrent.
Ils furent devant le tombeau.
Et alors Didyme pleura.
Mais Jésus avait une voix
joyeuse comme une amertume
2260 puissante de songe et de vie.
Saurez-vous jamais, ô esclaves,
laquelle, de cette tristesse
et de cette allégresse, était
la plus amère? Et Il disait :
2265 « Doux ami, ne t'afflige pas.
Tu veux le signe. Ote la pierre,

et je ferai sortir celui
qui est mort. Ne t'afflige pas.
Enlève la pierre, Didyme.
2270 Regarde bien, regarde bien
le mort, comme il dort. Viens et vois
les ossements, comme ils reposent.
Regarde bien celui qui dort,
comme il est composé. Regarde
2275 chaque tache dans tous ses linges
Didyme, avant que je ne jette
l'appel qui le fera surgir.
As-tu bien vu? » Thomas voyait
à travers les pleurs et la honte.
2280 Tel le nouveau-né dans ses langes,
tel le mort dans ses bandelettes.
Et toute la vie paraissait
blême. « Lazare, viens dehors ! »
Le genou surgit le premier.

La voix semble rendre présent le prodige dans l'ombre chaude d'haleines. La tourbe des suppliants tressaille, saisie de terreur.

2285 Et toute la vie était comme
toute la mort.

La tourbe frissonne et recule, devant la vision blanche du Ressuscité dans son linceul.

LES ESCLAVES.

— Seigneur, seigneur, tu nous effraies !
— Nous avons vu.
— Nous avons vu.
— Nous avons vu.

LE SAINT.

2290 O misérables, attachés
à la vie comme les tourteaux
des olives à la couronne
de la meule qu'ils souillent, comme
dans le cellier froid les limaces
2295 à l'anse de l'amphore qu'elles
engluent, pourquoi vous guérirais-je
si, étant confesseurs du Christ,
vous êtes les serfs de la peine,
vous êtes voués aux métaux
2300 aux bûchers, aux bêtes, aux pires
tourments? Croyez-vous que les crocs
léonins sauront reconnaître
les infirmités de vos os?
J'épie vos cœurs.

UN ESCLAVE.

2305 Pourquoi donc as-tu délié
la langue d'Alcé la muette,
seigneur? pourquoi?

LE SAINT.
Pour qu'elle puisse confesser,
avec la parole mûrie
2310 dans l'affliction du silence,
le dieu nouveau

L'ESCLAVE.
Pourquoi donc as-tu descellé
les yeux de la femme d'Attale,
seigneur? pourquoi?

LE SAINT.
2315 Pour qu'elle puisse regarder
le bourreau bien en face et voir
sur la nativité de l'âme
l'éclat du sang.

L'ESCLAVE.
Tu nous enseignes à souffrir
2320 et à mourir.

LE SAINT.
A renaître.

L'ESCLAVE.
      Où renaîtrons-nous?

LE SAINT.
Dans le Royaume.

L'ESCLAVE.
             Et où est-il,
le Royaume?

LE   SAINT.
             Il est hors du monde.
L'ESCLAVE.
Montre-le-nous.

LE   SAINT.
             Et votre foi?

L'ESCLAVE.
2325 Donne-nous un signe visible.

LE   SAINT.
Le sourire.

L'ESCLAVE.
             Mais quel sourire?

LE   SAINT.
Hier, dans le prétoire, un serf
comme toi, Cloanthe, pleurait
sans bruit, sous les ongles de fer.
2330 On lui dit : « Tu pleures, Cloanthe. »
Il répond : « Je ne pleure pas
sur ma vie ; mais mon corps est boue,
et il en suinte des gouttes. »

Quelqu'un n'a pas pleuré ; c'est peu,
2335 il n'a pas répondu ; c'est peu,
il n'a pas remué ; c'est peu,
il a souri : des yeux, des lèvres,
du front, de toute l'âme libre,
de toute sa félicité
2340 immortelle, a souri, souri
vers les cieux qui divinement
furent pâles de ce sourire
humain, comme d'une aube neuve.
tout pâles de cette douleur
2345 souriante comme d'un jour
surgi de plus loin que la Mer,
d'une profondeur plus profonde
que l'Orient !

Sa parole est comme le brandon qui allume
les chaumes, quand le vent souffle.

ALCÉ.

— Seigneur, seigneur, nous sourirons
2350 quand il faudra mourir.

CORDULE.
     Seigneur,
comme je te vois, que je voie
face à face le Dieu vivant !

LES ESCLAVES, LES BRISEURS
D'IDOLES, LES ZELATEURS,
LES CATECHUMENES.

— Guerrier, nous sommes tous à toi,
pour ta guerre !
     — Prends-nous, et sains
2355 et malades, avec nos forces
et nos plaies.
    — Que nous soyons
les dalles du chemin de gloire !
— A l'aube, nous ne connaîtrons
plus nos visages.
    — Connais-tu
2360 nos cœurs profonds ?
     — Sébastien,
archer du Christ, ô le plus beau
entre les enfants des mortels,
perce nos cœurs de ton regard.
Voici. Nous t'ouvrons nos poitrines
2365 meurtries par la sangle des meules.
— La mort est vie. Que nous soyons
moulus comme froment de Dieu,
pressés dans le pressoir de l'Oint !
— Que nous soyons les affranchis
2370 du Christ.
   — Que nous puissions Le voir
face à face !

— Ah, c'est trop attendre !
— Nous ne pleurons que dans l'attente.
Mais nous rirons quand il faudra
combattre.
— Abrège pour nous l'heure
2375 du saint combat !
— C'est trop attendre.
— Mais Il est terrible !
— Il n'habite
que les cœurs qu'Il déchire.
— Toute
votre chair immonde est en faute
devant Lui qui porte l'annonce
2380 des béatitudes célestes.
— Il a dit : « Je suis doux. Mon joug
est doux, mon fardeau est léger. »
— Seigneur, puisque tu as brisé
tous les dieux de sang et de fange,
2385 dresse devant nous Son image,
pour que nous puissions L'adorer !
— Est-Il beau? plus beau qu'Apollon?
— Il apparaissait aux disciples.
T'est-Il apparu?
— Parle ! Parle !
2390 — Réponds, seigneur !

Le Jeune Homme est assis sur la plus haute
marche de l'escalier septénaire qui monte à

la porte. Une mortelle angoisse étreint son
âme, étouffe sa voix.

LE SAINT.

Sa face est cachée, tout Son corps
est voilé.

LES MEMES.

— Tu trembles, seigneur.
— N'oses-tu pas Le découvrir?
— N'as-tu pas l'Image cachée
2395 dans ta poitrine?
— Écoute, écoute,
seigneur : par la pierre brisée,
par l'airain tordu, par le bois
fendu, par ton impitoyable
marteau, par ton bras destructeur,
2400 par le fer, par le feu, par cette
nuit de vengeance, je t'adjure.
Il n'y a plus un dieu debout
devant nous. Dresse devant nous
Son image, que nous puissions
2405 Le connaître, que nous puissions
L'adorer, et que nous puissions
Lui dire aussi : « Fils de David,
ô Jésus, aie pitié de nous ! »

LE SAINT.

Il n'a plus de corps, Il n'a plus
2410 de sang. Il a donné Son corps
et Son sang pour les créatures.

Les plus proches soufflent sur l'angoissé leur sombre ardeur. Les voix sont contenues mais frémissantes. Il semble que le vent oriental des apparitions courbe les têtes des néophytes, dans cette ombre qui est semblable à l'ombre des arénaires et des catacombes. Quelqu'un des plus jeunes, parfois, se retourne avec un sursaut de frayeur, comme Jean sur la route d'Emmaüs.

LES MÊMES.

Comment donc est-Il apparu
aux disciples avec Son corps
et Son sang ?
— Il vint et se tint
2415 au milieu d'eux ; Il leur montra
Ses mains et Son côté.
— Ils virent
les meurtrissures.
— Il souffla
sur eux.
— Ils dirent à Thomas :
« Nous L'avons vu. »
— Didyme alors
2420 répondit : « Si je ne mets pas
le doigt dans la marque des clous

et si je ne mets pas la main
dans Son côté... »

— Jésus revint
alors et dit : « Mets donc ton doigt
2425 ici, Didyme. Mets ta main
dans mon côté. »

— Seigneur, seigneur,
ah, pourquoi veux-tu nous cacher
Sa figure?

— Il dit : « Touchez-moi.
Un Esprit n'a ni chair ni os,
2430 comme vous voyez que j'ai. »

— Parle,
seigneur, réponds. Quel est ton trouble?
— N'est-ce pas vrai qu'Il demanda
quelque chose à manger?

— Il prit
le pain, le rompit. Il eut d'eux
2435 un morceau de poisson grillé.
Et Il le prit et le mangea
devant eux.

— N'est-Il pas vivant?
Il est vivant. Tu l'as bien dit.
— Il entra chez les Onze, quand
2440 la porte était fermée. Seigneur,
dis, ne pourrait-Il pas entrer
par cette porte?

Des regards se lèvent, comme si les paupières étaient renversées par les battements de l'attente.

LE SAINT.

Je mourrai, demain je mourrai.
Je Le verrai. Si vous voulez
Le voir...

LES MEMES.

  — Hélas, seigneur, hélas,
tu nous abuses! Ne vois-tu
pas nos cœurs?
    — Comment pourrais-tu
L'aimer de cet amour? Comment
pourrais-tu fermer les yeux, être
si blême, et dans toutes tes veines
trembler d'un tel amour, si tu
n'avais jamais connu Sa face?
Car tu trembles.

Tel le jet de la veine coupée, ou le débordement des pleurs, tel l'éclat de l'angoisse insoutenable.

LE SAINT.

Je tremble parce qu'en mon âme
je porte le poids de l'opprobre.
Ils L'ont frappé à coups de poings,

ils L'ont tout meurtri de soufflets,
ils ont craché sur Lui. Sa face
est défigurée. Sur Ses joues
2460 coulent les crachats et le sang.
Sa bouche est livide et gonflée.
Ses dents sont toutes ébranlées.
Et Ses paupières, et Ses yeux,
hélas, hélas !

Il est suffoqué par les sanglots. Il couvre de ses paumes sa pâleur d'agonie.

2465 Il est pire que le lépreux,
Il est pire que le rebut
du peuple, que le ver de terre
qu'on écrase sous le talon.
Hélas ! Hélas !

L'émoi serre la gorge des néophytes. Ils se regardent entre eux, éperdus.

LES MEMES.

2470 — Est-ce vrai !

— Seigneur, est-ce vrai !

— Est-ce donc vrai, que Son aspect
effraie et repousse, qu'Il est
hideux à cause de nos crimes
et de nos maux?

— Est-ce donc vrai
2475 qu'Il est sans beauté?

— La parole
du Prophète s'est accomplie :
« Il s'élèvera devant Lui
comme le rejeton qui sort
de la terre sèche. » Est-ce vrai ?
2480 « Il est sans beauté, sans éclat.
Nous L'avons vu sous le mépris,
plus vil que le dernier des hommes :
Homme de douleurs, de langueurs,
expert en souffrances : Visage
2485 caché... »
— Tu pleures !
— Est-ce vrai ?
« Comme une brebis qui ne bêle
pas devant celui qui la tond,
Il n'a pas desserré la bouche
dans Sa douleur. »
— Mais n'est-Il pas
2490 redevenu Rayon de gloire,
comme Il était sur la montagne
avec Moïse, avec Elie
et les torrents ?
— N'était-Il pas
blanc et vermeil, beau entre mille,
2495 lorsque la divine Marie
Le nourrissait ?

Cordule, Alcé, d'autres femmes, s'élancent.

— Je te supplie,
seigneur. Montre-nous la figure
de la Vierge céleste!

Les Voyantes tressaillent au pied des cippes triangulaires. Quelques-unes se dressent et prêtent l'oreille, comme si la mélodie d'Erigone traversait de nouveau les silences de leurs songes.

— Dis,
dis : n'est-elle pas la couleur
2500 du Printemps?

— N'est-elle pas mère
de toutes choses ineffables?
— Ne vient-elle pas sur la route
des planètes, domptant d'un pied
léger les constellations
2505 funestes, comme une poussière
dorée?

— Quelles sont les offrandes
qu'elle aime?

— Seigneur, si tu dresses
ses images, elles seront
toujours fleuries.

— O femmes, femmes,
2510 comme l'Autre est née de l'écume,
elle est née de la douleur.

— Vierge,
elle n'avait que sang et larmes.

Et, vierge, n'ayant pas de lait,
elle ne donna que la fleur
2515 de son âme.
— Le Fils a dit
de la Mère : « Celui qui t'aime
aime la Vie. »
— Et Il a dit :
« Salut, mon vêtement de gloire
dont je me suis vêtu venant
2520 dans le monde. »
— Or il est écrit
au Livre : « Chacun Le verra
portant la chair qu'Il a reçue
de Marie la Vierge sans tache. »
— Ah, qu'importe qu'Il soit meurtri ?
2525 Qu'importe qu'Il soit tout sanglant
et souillé ? Combien doit-Il être
beau toutefois, seigneur, si tu
L'aimes d'un tel amour !

 Un esclave de la Mésopotamie s'approche, les sandales de sparterie dépassant à peine sa longue tunique violette. Et il parle bas, dans sa barbe exacte qui adhère à sa lèvre comme les tuyaux d'une syrinx d'ébène.

— Seigneur,
je suis de la terre nourrie
2530 par les deux Fleuves. A Edesse,

je le sais, on pouvait encore
voir la statue que les légats
d'Abgar rapportèrent au roi.
— Tu l'as vue, Nadab!
— Elle était
2535 enfouie dans l'herbe sauvage,
parmi les décombres.
— Nadab,
tu l'as vue!
— Sa figure était
polie par les ans et les eaux,
semblable aux galets de la mer.

Un catéchumène, cocher du Cirque, aux braies bigarrées, s'approche et parle bas.

2540 — Seigneur, je le sais. Une femme
de Galaad, nommée Safan,
vendeuse de baumes, a dit
avoir vu de ses yeux l'empreinte
de la Face au milieu du linge
2545 dont se servit l'Hémorroïsse
quand elle essuya la sueur
et le sang de Jésus montant
au Calvaire.

Un décan aveugle, chauve et débile, s'approche et parle bas.

— Sébastien,
tu peux me croire. Je suis sauf

K

pour glorifier le Christ roi
et ses Martyrs. Je me trouvais
dans l'arénaire de la Voie
Appienne, quand on boucha
le souterrain avec des pierres
et du sable. Les enterrés
vivants purent voir deux images
d'or que l'Acolyte porteur
des saintes espèces disait
avoir reçues du martyr grec
Hadrias. Mais je suis aveugle.
L'une représentait Jésus ;
et l'autre, Orphée...

Ici, à l'une des issues, la tourbe s'agite. Des cris éclatent. On voit un mouvement d'hommes qui cherchent à entraîner une créature farouche. L'angoissé bondit et regarde, les yeux brûlés de larmes.

— Sébastien,
Sébastien, elle est ici,
elle est ici, je te l'amène,
la fille malade des fièvres !

Des zélateurs accourent, des femmes s'élancent.

— Qui est-elle ?
— Magdalâwit !
— Mariamme !

— On ne connaît pas
son nom véritable.
— Elle change
toujours.
— On l'appelle la Reine
2570 malade des fièvres.
— O Reine !
— Descends-tu des rois d'Idumée?
— Elle descend de cet Hérode
qui vint à Rome avec la fille
d'Aristobule.
— Elle descend
2575 d'Athronge, de ce roi berger
qui par le légat de Syrie
fut mis en croix avec deux mille
rebelles.
— Sébastien, c'est
elle qui trempa le suaire
2580 dans le sang de ta main percée
par la corne de l'arc, le jour
de ta gloire !
— Elle se débat.
Elle veut s'échapper.
— Répète
au seigneur ce que tu as dit !
2585 — Elle l'a dit. J'ai entendu.
— Ah, sauvage, sauvage ! As-tu
des griffes?

— Seigneur, la voilà,
la Reine malade des fièvres !

Ils poussent devant eux une créature inconnue qui, se dégageant, s'arrête au milieu du cercle tumultueux. Elle y demeure, ployée comme une flamme basse sous la rafale. De sa voix sourde, elle semble encore résister.

LA FILLE MALADE DES FIEVRES.

Je ne veux pas être guérie.

Elle est couverte d'une robe de pourpre flétrie comme une botte de pavots coupés. Elle porte une bandelette de pourpre autour de sa crinière noire et bleue.

BASILE.

2590 Dis la chose ! Dis cette chose !

PHLEGON.

Mais elle est folle.

ATHANASE.

On croit qu'elle est une Larve.

LE SAINT.

Parle, ma sœur.

Elle met une paume contre ses lèvres, pour les empêcher de trembler.

BASILE.

Seigneur, elle a dit : « Je possède,
moi, le linceul du Christ. »

LA FILLE MALADE DES FIEVRES.

       Non, non,
2595 je ne l'ai pas dit. C'est un rêve.
J'ai dit : « Il n'y a point de paix. »

LE SAINT.

Sœur, je connais ta voix. Où l'ai-je
entendue?

LA FILLE MALADE DES FIEVRES.

    Je suis une voix,
seigneur ; et mon cri se leva
2600 avant le jour pour t'annoncer.
« Archer de la vie, je bénis
ton œil, ta main, ton arc, tes traits. »
Ce fut mon cri. Et je t'apporte,
dans un cristal d'azur, un baume
2605 de Galaad.

LE SAINT.

    Quel baume, sœur?

LA FILLE MALADE DES FIEVRES.
Un doux baume de Galaad.
Or quelqu'un va dire : « Pourquoi
ne pas avoir vendu ce baume?
Il vaut trois cents deniers. »

LE SAINT.
        Ma sœur,
2610 tu es malade.

LA FILLE MALADE DES FIEVRES.
    Chaque jour
mes tempes sont prises par une
fièvre nouvelle. Est-ce une honte,
si ma vie brûle pour l'amour
de l'Amour ?

LE SAINT.
      Tes yeux sont fardés,
2615 tes ongles sont peints.

LA FILLE MALADE DES FIEVRES
       Ah, seigneur,
j'effacerai, j'effacerai
tout cela. Mais ne fut-il pas
un Ange, Azaël, qui montra
l'antimoine et le fard pour teindre
2620 les paupières? L'un de ces Anges

qui choisirent des filles d'hommes
et se souillèrent avec elles...
Et il n'y aura plus de paix
ni plus de pardon pour des veines
2625 qui charrient un sang si mêlé.
Et j'ai entendu les reproches.
Et j'ai vécu dans mon sommeil
ce que je dis avec ma langue
de chair. J'ai vu les sept planètes
2630 enchaînées, les astres qui ont
transgressé le commandement
de la Lumière à leur lever...
Cela me revient de très loin.
J'effacerai, j'effacerai
2635 par mes pleurs le fard de mes yeux.

 Ici elle s'arrête et semble se figer. Puis, d'un accent si étrange que tous les cœurs en tremblent, elle prononce les paroles qui font présente sa vision.

Il était couché sur le lit
bas, du côté de la fenêtre.
Les ombres croisées du grillage
tombaient sur Sa robe rayée.
2640 Lazare trempait un morceau
de pain dans des herbes amères,
mais sans le porter à sa bouche
qui gardait le goût de la mort...

Ici Sébastien se rapproche d'elle et la regarde de près. Il parle bas, comme s'il craignait de la réveiller.

LE SAINT.

Un Esprit l'habite. Un Esprit
2645 en elle parle. On sent partir
d'elle la chaleur de sa fièvre
comme une vertu. Qu'on l'écoute
en silence.

LA FILLE MALADE DES FIEVRES.

Il était dans l'ombre
de la mort, déjà solitaire.
2650 Bien qu'il y eut quelques doux fruits,
Il flairait l'odeur de la terre
et le remugle de la nuit
dans la chevelure trop sombre
de Lazare. Et j'étais sans voix ;
2655 car j'avais découvert la croix
que sur Son front la ride droite
faisait avec les deux sourcils.
Et mes yeux s'étaient obscurcis
dans le fard des paupières. Moite
2660 j'étais et froide, dans ma fièvre,
tour à tour comme dans l'écume
et dans la cendre. Entre mes lèvres
blêmes j'avais Son amertume

et ma soif. Et, bien que mon sang
2665 dans mes tempes et dans ma gorge
fût comme un tonnerre incessant,
j'entendais le bruit de la meule
en moi-même, comme si seule
mon âme vive, et non cette orge,
2670 était broyée par le granit.
« Je n'entends plus cette hirondelle,
Marthe, qui avait fait son nid
dans la chambre haute. » Ombre d'ailes,
ombre d'ailes sur Ses mains pures !
2675 Je respirai les fleurs futures
dans Sa voix. Mais Il regardait
toujours Lazare, Il regardait
toujours l'homme vivant et mort,
cet œil morne sous la paupière
2680 jaune. Comme devant la pierre,
soudain « Lazare, viens dehors ! »
Il cria de nouveau, tout pâle,
devant la face sépulcrale
courbée sur le triste repas.
2685 Lazare ne répondit pas,
mais se retourna dans sa place.

Et ils pleurèrent, face à face.

Tous à l'entour palpitent, attentifs au souffle de l'Inspirée. La voix de Sébastien tremble, dans la profondeur des croyances.

LE SAINT.

O fiévreuse, où les as-tu vues,
ces choses ? Elles ne sont pas
2690 dans le Livre. Avec quel Esprit
as-tu communié? Qui t'a
donné l'âme qui t'illumine
à travers ta faiblesse? Es-tu
revenue du sommeil des siècles
2695 morts, dans ton aspect de sibylle
tournée vers ce qui ne peut pas
mourir?

LA FILLE MALADE DES FIEVRES.

O Saint, regarde-moi
bien, regarde-moi de plus près,
comme on tend les mains pour atteindre.
2700 Je suis le but qui est frappé
et je suis le trait qui le frappe.
Je sais des choses. J'ai appris
des mystères. Et je connais
ma faiblesse. Ils tremblaient d'effroi.
2705 Et Il leur dit : « Ne craignez rien,
c'est moi. N'avez-vous pas connu
votre faiblesse, maintenant? »
A Simon Pierre, Il apparut
sous l'aspect de la flamme ; et Pierre
2710 s'enfuit. A Jean Il se montra

sous la forme du cristal blanc,
car Jean était vierge. A Philippe,
sous l'aspect de la mer ; à Jacques,
sous l'aspect d'une épée tranchante ;
2715 à Nathanael, sous l'aspect
d'une colombe. Sous la forme
d'un bœuf, à Thomas ; à Matthieu,
d'un enfant candide ; à Thaddée,
d'un épi plein. A Jacques fils
2720 d'Alphée, sous l'aspect de l'éclair.
Hommes, ne demandiez-vous pas
Ses images ?

 Elle s'avance très lentement, les deux poignets croisés sur sa poitrine. Sébastien parle bas à son affranchi punique.

LE SAINT.

   Guddène, apporte
une torche pour éclairer
sa face.

LA FILLE MALADE DES FIEVRES.

   Et cet arbre qu'on prit
2725 pour crucifier le Sauveur,
d'où vint-il? Un aigle, un grand aigle
le déracina du jardin
sis à l'orée de l'Orient,

que vit Hénoch fils de Jared.
2730 Très haut il monta, de très haut
le jeta dans Jérusalem.
Et par cet arbre...

Guddène a arraché l'un des flambeaux plantés dans les poings de la muraille ; et, se rapprochant, il incline tout à coup la flamme sur le front de l'Inspirée, qui sursaute d'une frayeur subite.

Ah, tu reviens,
Arédrôs, Arédrôs, avec
ton brandon terrible ! Pourquoi
2735 reviens-tu ? Ne m'as-tu donc pas
assez profondément brûlé
la poitrine, jusqu'au sommet
du cœur ? N'as-tu pas fait la place
assez profonde pour la sainte
2740 relique ?

Sous la rougeur de la flamme, elle recule éperdument, les bras croisés de toute sa force contre sa gorge. Mais l'Archer, la saisissant par les poignets, défait la croix de chair et d'os.

LE SAINT.

O possédée, quel nom
invoques-tu ? Quelle est, quelle est
ta terreur ? Je veux que tu parles ;

je veux, je veux que tu me livres
ton secret.

Il la secoue et l'entraîne, avec une sauvage véhémence, se courbant sur la face convulsée qu'éclaire la torche ardente au poing de l'affranchi punique. Toute la tourbe, anxieuse et ivre de mystère, est tendue vers la lutte sacrée.

LA FILLE MALADE DES FIEVRES.

2745 Ah, laisse-moi ! Lâche
mes poignets ! Ne sépare pas
mes bras de ma gorge ! C'est toi,
je le savais, c'est toi, c'est toi
l'Ange exilé. Tu me retrouves.

LE SAINT.

2750 Que caches-tu dans ta poitrine?

LA FILLE MALADE DES FIEVRES.
Non, tu ne vas pas ressaisir
ce que tu as scellé. Je sens
le clou à travers ta main gauche.
Ce n'est pas ton heure, Arédrôs.

LE SAINT.

2755 Je ne suis pas l'Ange exilé.
Regarde-moi. Je suis l'Archer

de Dieu. Et le Seigneur m'inspire.
Ce que tu me caches, c'est Lui
qui me l'envoie. Si tu résistes,
2760 il faut que je te force.

LA FILLE MALADE DES FIEVRES.

      Il faut
que tu me tues, que tu me cloues
contre l'arbre, que tu m'arraches
le cœur avec la chose sainte.

 Une angoisse soudaine rompt les coudes au ravisseur. Il desserre la prise. L'inconnue croise de nouveau les poignets meurtris.

LE SAINT.

O Christ Seigneur, serait-il vrai?
2765 O Seigneur Dieu, serait-il vrai?
Mon âme défaille, mes os
se disjoignent, mes yeux se voilent.
Jésus, la force m'abandonne.
A mon aide !

 La femme est immobile, la tête renversée en arrière, le feu de son âme entre ses dents. De nouveau, il la saisit.

     Ah, tu es brûlante
2770 comme le fer rougi. Dis-moi,
créature de Dieu, dis-moi :

serait-il vrai ce que ces hommes,
ont cru entendre de ta bouche
en feu?

LA FILLE MALADE DES FIEVRES.

Toute ma honte, toute
2775 ma honte se transfigura,
blanche, en un miracle d'amour.

LE SAINT.

Réponds! Tu l'as sur toi? Réponds!

LA FILLE MALADE DES FIEVRES.

Car ma bouche avait retrouvé
l'éponge aride mais encore
2780 toute amère de myrrhe ; et cette
éponge était encore au bout
du roseau qui avait frappé
la tête sainte.

LE SAINT.

Tu cherchais
au pied de la Croix...

LA FILLE MALADE DES FIEVRES.

J'étais seule,
2785 j'étais seule. Ils étaient partis,
tous. Pierre l'avait renié.

Jacques d'Alphée s'était caché
dans la ravine du Cédron ;
Philippe et Matthieu, dans la ville,
2790 pour sortir la nuit en secret ;
Barthélemi, avec Rakub
le fils de sa sœur, et Didyme
s'étaient éloignés sur un char.
André avait fui par la porte
2795 du Fumier... J'étais revenue,
seule. J'avais laissé mourante,
près du suaire, Bérénice
la femme guérie de la source
de sang...

LE SAINT.

   Le linceul, le linceul !
2800 Tu vis Joseph d'Arimathie
et Nicodème envelopper
le Corps...

LA FILLE MALADE DES FIEVRES

   C'était du lin d'Egypte
léger comme du bysse.

LE SAINT.
      Ici,
dans ta poitrine, tu le caches !

LA FILLE MALADE DES FIEVRES.

2805 Laisse-moi, laisse-moi, si tu
n'es pas l'Ange !

LE SAINT.
                    Frères, mes frères,
je le vois à travers la pourpre
resplendir.

LA FILLE MALADE DES FIEVRES.
        Mais quelles mains d'homme
pourraient y toucher?

LE SAINT.
                Seigneur Dieu !

Envahi par la terreur sacrée, il lâche pour
la seconde fois les poignets de la créature
pantelante. Il tremble de tout son corps et
vacille, devant la certitude redoutable. Effrayée, enivrée, la tourbe couve de tous ses
yeux l'étrange larve de pourpre qui renferme
la révélation. Au pied des cippes, les gardiennes
des feux éteints écoutent, se traînant sur les
genoux, de toute la longueur des chaînes.

2810 Et tu le portes sur ta chair
moite de fièvre !

LA FILLE MALADE DES FIEVRES.
Je ne suis qu'une plaie divine.
Et Galaad n'a pas de baume

pour moi qui L'oignis. Ma poitrine
est au Seigneur, comme ta paume.

J'étais près du sépulcre cave.
Le Vigilant vint dans la nuit.
C'était l'un des Anges esclaves.
Je ne tremblais pas devant lui.
Je n'étanchais pas mes pleurs. Toute
les eaux du monde étaient amères
de moi. La vie semblait dissoute
dans les fleuves de mes paupières.
Les étoiles des cieux tremblants
venaient s'éteindre à ma figure.
Ma douleur était la ceinture
du monde, comme l'Océan.

Or les lins gisaient sur le sable.
Et l'Ange dit : « Je te salue,
ô Pleureuse. Tu es élue :
car ta source est inépuisable.
Pour garder ce qui de Lui reste
ici, tu es élue. J'atteste
le Dieu qui m'exile et me lie
dans tous les liens de la terre
pour tous les âges. » Sa folie
le tachait comme une panthère
aux taches de feu. « Mais n'espère

pas de pitié. » Contre la roche
2840 funèbre j'étais accroupie,
sans parole. « Il faut que j'expie
tes larmes ! » Il était tout proche.
Et le brandon des incendies
flamboyait très haut dans son poing.
2845 Il m'atterra. « J'atteste l'Oint
que tu es impure. » Raidie
de tous mes os, de tous mes nerfs,
j'attendais et mon châtiment
et ma gloire. Ses doigts de fer
2850 découvrirent alors ma gorge
drue, comme les doigts d'un amant
qui veut, d'un bourreau qui égorge.
Et j'attendais. « O fille d'homme, »
cria-t-il « je te mortifie,
2855 te purifie, te glorifie,
avec le brandon de Sodome. »
Et le Déchu, qui par la faute
connaissait la douceur des seins
pâles, me marqua de son seing,
2860 brûlant ma chair jusques aux côtes.

Je ne criai ni ne mordis.
Quand le feu toucha le sommet
de mon cœur, seul mon cœur bondit
vers le feu. Muette, immobile,

2865 respirant l'horrible fumet,
j'attendais. Et il dit : « Jubile ;
car la chose sainte a son lieu.
Et tu auras le diadème
royal, la pourpre de Sidon,
2870 et ta fièvre. » Il prit le sindon
vide où Joseph et Nicodème
avaient posé le Fils de Dieu.
Il le plia sur ma poitrine.
Et il dit : « Tu le garderas ».

2875 Hommes, sous la croix de mes bras,
je ne suis qu'une plaie divine.

 Elle se consacre. Elle semble avoir parlé par sa plaie même, comme par une bouche plus vive et plus profonde. Encore une fois la mélodie du saint combat a frappé les fronts, a percé les cœurs des néophytes. Guddène, qui derrière la révélatrice tenait le flambeau soulevé, maintenant le renverse et l'étouffe.

 Sébastien grandit dans la prière. Et quand il s'agenouille, il semble qu'il s'exhausse.

LE SAINT.

Messagère inconnue, créée
ou non créée, que tu sois faite
de tes fièvres ou de tes larmes,
2880 que tu portes en toi des forces
qui te sauvent ou qui te damnent,

larve de ce qui fut ou songe
de ce qui jamais ne put être,
je ne veux pas te conjurer
2885 et je ne veux pas te connaître.
Dans ton mystère je ne vois
qu'une seule chose, une seule,
hors de ton souffle et de ta pourpre :
le sein terrible de la Foi.
2890 Je te salue. Je me prosterne.
J'atteste mon Espoir, j'atteste
l'éternel Amour. Par le sang
qui teint, par la larme qui lave,
et par toutes ces âmes libres
2895 et par tous ces hommes esclaves,
à genoux je te prie. Descelle
la croix de tes bras et révèle
les empreintes du Divin Corps.

Ici, elle ouvre les bras, admirable.

LA FILLE MALADE DES FIEVRES.
Voici ma vie. Voici ma mort.

Et de ses doigts elle écarte les plis de la pourpre sur sa poitrine, se couvrant d'une pâleur mortelle.

Tandis que Sébastien se lève et s'approche, toute la tourbe, d'un mouvement irrésistible, entoure les deux personnes sacrées. On n'entend que la pesante haleine de l'angoisse. La vaste voûte est pleine d'ombre. La face du

Soleil et la face de la Lune reluisent sur les vantaux d'airain. Les sept Voyantes se tiennent debout, avec toutes leurs chaînes tendues par l'anxiété de leurs âmes nouvelles. Et il semble que les assaille la puissance du Roi annoncé par leurs chants et par leurs charmes.

> « *Il monte. Son front est la place*
> *de la lumière, qu'Il accroît.*
> *Un nouveau Signe est dans l'espace* »

La tourbe s'allonge, entre l'une et l'autre issues, avec un frémissement d'horreur sainte. Et, comme les échines des esclaves se courbent et que les genoux des zélateurs se plient, on aperçoit le Saint et l'Inspirée dans l'acte de dérouler et d'étendre le long Linceul du Christ. Eux aussi, ils s'agenouillent, chacun tenant par les deux mains le bord extrême. Et une lueur mystique éclaire tous les fronts penchés ; parce que, des empreintes laissées par les membres sanglants et par les aromates funéraires, les deux images du Corps divin se forment peu à peu et s'avivent en lignes et en saillies de lumière. On entend de sourds gémissements, des sanglots étouffés, qui entrecoupent les paroles alternes, dites par l'âme de souffle plus que par la langue de chair.

LA SAINTE.

Voyez Son corps ensanglanté,
voyez l'horreur de Son supplice !

LE SAINT.

Voyez la plaie de Son côté,
le sang qui coule sur Sa cuisse.

Magister Claudius sonum dedit usque ad finem.

LA SAINTE.

Voyez les traces des fléaux
2905 armés de plombs sur Son échine.

LE SAINT.

Voyez sur Son front les grumeaux,
là où mordirent les épines.

LA SAINTE.

Voyez Ses cheveux sur Son cou,
mouillés par la sueur sanglante.

LE SAINT.

2910 Voyez la blessure du clou
qui Lui transperça les deux plantes.

LA SAINTE.

Voyez sur l'épaule de l'Oint
marqué le poids de l'arbre infâme.

LE SAINT.

Voyez sur l'œil le coup de poing
2915 dont le valet scella son blâme.

LA SAINTE.

Hélas, Temple de la sublime
Tristesse, où la Honte a craché !

LE SAINT.

Hélas, pleurez, pleurez vos crimes !
Il est meurtri par nos péchés.

LA SAINTE.

2920 Dieu, rends-nous pareils à ton corps !

LE SAINT.

Dieu, retrempe-nous dans la mort !

LA SAINTE.

Amour, que je sois assouvie !
Seigneur Amour, voici ma vie.

Elle défaille, elle se renverse et tombe, dans un grand soupir.
Et soudain, la porte étant encore close, un chant se lève au delà du seuil infranchissable. Ce n'est plus le chant d'Érigone, la mélodie de la Vierge fille d'Icare « qui volait parmi les étoiles du Lion, portant son Épi d'or et ses larmes. » C'est le chant ineffable de la Vierge sans tache, de la Tige de Jessé, de la Mère du Sauveur.

VOX CŒLESTIS.

Qui pleure mon Enfant si doux,
2925 mon Lys fleuri dans la chair pure?
Il est tout clair sur mes genoux,
Il est sans tache et sans blessure.

Voyez. Et dans ma chevelure
tous les astres louent Sa clarté.
2930 Il éclaire de Sa figure
ma tristesse et la nuit d'été.

On entend, tout à coup, tomber les chaînes qui enchaînaient aux cippes les sept magiciennes planétaires. Les vantaux de la porte d'airain s'entr'ouvrent, laissant échapper une lumière éblouissante. Hassub, Jardane, Ilah et Phéroras montent les degrés aux sept couleurs et poussent les vastes vantaux qui sur leurs gonds résonnent comme une multitude de cymbales et de sistres. Dans une lumière éblouissante, la Chambre magique apparaît, avec tous ses signes, tous ses cercles, tous ses orbes, comme le simulacre fabuleux du nouveau Firmament et de l'antique Ether. Le Zodiaque tourne à la rencontre des planètes, chargé d'animaux, de monstres et de jeunesses. Le Bélier aux cornes torses est accroupi, morose, le mufle vers l'Occident ; et le Taureau, tronqué à mi-corps, le front bas, semble lui être soudé, à la façon de ceux géminés de la Perse. Les Gémeaux imberbes, le couple fraternel des enfants du Cygne, sont assis ensemble, les pieds en avant, chaussés de hauts brodequins aux courroies entrelacées ; et Pollux se détourne du Cancer à la carapace énorme, qui dans le marais de Lerne mordit l'orteil d'Hercule. Le Lion, celui que l'Alcide étouffa entre ses coudes à Némée, s'avance farouche, dans le sens du mouvement diurne. Le Scorpion, celui qu'Artémis envoya contre le chasseur fils de Neptune, ouvre ses serres cruelles vers la Balance qui penche. Le Sagittaire, déployant à son épaule d'homme sa nébride comme une aile, tend son arc grec et se cabre sur ses jarrets de cheval. Le Verseau gracieux, semblable à l'échanson Ganymède, se détourne du Capricorne à la queue trifide et renverse l'urne pleine, du côté des Poissons.

Mais ce n'est plus Samas qui conduit les planètes et domine tous les domaines bleus. On aperçoit dans l'éblouissement les pieds divins de la Vierge mère du Sauveur posés sur le croissant de la Lune, et les bords étoilés de son manteau d'azur.

On n'entend pas résonner la lyre heptacorde des Sphères accompagnant la Voix céleste ; mais on se perd dans l'harmonie des myriades, dans le chœur infini des rayons. La lumière est nativité, béatitude et musique.

Ravi par la Voix, comme dans un songe sans commencement et sans fin, le Saint monte les degrés, franchit le seuil ; et, la tête renversée, les yeux levés vers le Croissant, s'abîme dans l'extase circulaire.

Alors Jardane, Hyale et Phœnisse soulèvent le corps inerte de la créature errante qui garda dans la plaie inguérissable de sa poitrine la relique du Christ ressuscité : Atreneste par les épaules, Hyale par les pieds, Phœnisse par la ceinture, à la façon des Anges quand ils transportent dans les airs les dépouilles des jeunes Martyres. Et elles montent les sept degrés, avec leur mystique fardeau.

Puis, inclinant leurs mitres qui flamboient, elles déposent sur le seuil de bronze la Fiévreuse couverte de pourpre et ceinte du bandeau royal.

EXPLICIT
SANCTAE SINDONIS INVENTIO.

LA TROISIEME MANSION

LE CONCILE
DES FAUX DIEUX

LES PERSONNAGES.

LE SAINT.

L'EMPEREUR.

LES FEMMES DE BYBLOS.

LES CITHAREDES.

EURYALE.

NICANOR.

LES ORPHIQUES.

LA TOURBE DES PRETRES, DES SACRIFICATEURS, DES VICTIMAIRES, DES AUGURES, DES MAGES, DES DEVINS, DES ASTROLOGUES, DES GRAMMAIRIENS, DES EUNUQUES.

LES ARCHERS ASIATIQUES.

LES ESCLAVES DE COULEURS DIVERSES.

CHORVS SYRIACVS.

VOX SOLA.

N aperçoit le vaste lararie de l'Auguste, formé d'une salle pentagonale dont une paroi se creuse comme une sorte d'abside à la voûte lisse profondément dorée.

Au centre du plafond à lacunars bleus, une ouverture circulaire qui se ferme au moyen d'un bouclier rond comme ceux des Curètes, manœuvré par des chaînes, laisse 'échapper la fumée des aromates. Les autres parois sont revêtues de planches d'ivoire versatiles, qui recouvrent les niches où sont cachées les théogonies sublimes et les conjonctions ineffables. Dans l'hémicycle, la multitude multiforme des dieux se dresse comme une cohorte exsangue en rangs serrés, faite de marbres, de métaux, de bois, d'argiles, de pierres fulgurales, de pâtes inconnues. Aux douze grands dieux de Rome, aux mille petits dieux latins des demeures, des carrefours, des étuves, des vergers, des celliers, des champs, des ports, des navires, et de tous les actes, de tous les aspects, de tous les instruments de la vie, et de tous les rites et de tous les mystères de la mort, des funérailles, de la sépulture, se mêlent les déités énormes des Ptolémées et des Achéménides, les Baals ardents de Syrie, les idoles raides à oreilles pointues, à bec, à museau, les sphinx, les apis, les cynocéphales transportés de la vallée du Nil par les Empereurs superstitieux, les Couples et les Triades farouches venus d'outre-mer avec les esclaves, les courtisanes, les marchands et les soldats.

On découvre l'Ephésienne toute noire, hérissée de mamelles, avec l'éclat blanc de l'émail dans ses orbites, avec des lions sur ses épaules et des abeilles au pied de la gaine qui lui serre les jambes comme l'écorce d'un tronc enraciné. La Grande Mère de l'Ida couronnée de tours est assise, non sur son char, mais sur le navire qui remémore sa navigation triomphale à la bouche du Tibre. Le Zeus solaire de Doliché, qu'une tribu de forgerons créa des étincelles du fer rouge, debout sur un taureau, armé de la hache à double tranchant, porte l'armure du légionnaire romain.

Mâ, la Bellone cappadocienne, abreuvée de sang dans les gorges du Taurus et sur les bords de l'Iris, rapportée comme un butin sacré par Sylla vainqueur de Mithridate, est couverte de taches rougeâtres, telle qu'elle apparut en songe au Dictateur. Isis aux cornes de vache, en robe de bysse, allaite l'enfant Horus sur ses genoux rigides ; et entre les deux cornes une plaque ronde en forme de miroir imite la

Lune. Un haut boisseau ombrage la chevelure massive d'Osiris. Mithra, le Médiateur, le seul, le chaste, le saint, que premièrement connurent les trirèmes de Pompée en guerre contre les pirates ciliciens, enfonce le couteau dans le poumon de la victime abattue.

Et voilà Dusarès, venu du fond de l'Arabie ; et Daltis, venu de l'Osrhoène au delà de l'Euphrate ; et Balmarcodès, le Seigneur des danses, venu de Béryte ; et Marnas de Gaza, le Maître des pluies ; et Maïoumas, qui souffle le parfum du printemps oriental dans la fête nautique sur le rivage d'Ostie.

Voilà Aziz, le « dieu fort » semblable au sidéral Lucifer fils de l'Aurore ; et Malakbel, le « messager du Seigneur » ; et le Hadad révéré par Antonin le Pieux ; et ce Bêl, un dieu de Babylone, émigré à Palmyre, qu'Aurélien emmena à Rome avec la reine merveilleuse pour orner de l'une son triomphe et pour faire de l'autre le protecteur de ses légions.

Voilà toutes les déités d'outre-mer, les Agitateurs et les Consolateurs d'Asie ; qui savent la mort et la résurrection, les baptêmes et les pénitences, les promesses et les commandements, et la vie nouvelle et la vie éternelle, et l'ébriété de la douleur et la puissance du sang versé, et les liturgies des semaines saintes à l'équinoxe du printemps. Les esclaves chrétiens dans leur cœur anxieux reconnaissent la Colombe eucharistique auprès de l'Astarté infâme, et le saint Poisson auprès de l'Atargatis de Bambyce emportée par des prisonniers de guerre vendus à l'encan.

Devant la multitude divine, des supports

en bronze soutiennent l'Horoscope de l'Empereur, figuré sur un grand bas-relief représentant une conjonction de planètes dans le Lion. On y voit l'ordre des luminaires disposé sur les membres de l'animal, la Lune en croissant sur le poitrail, et sur le champ les trois planètes qui doivent leur force à leur chaleur, ainsi nommées : Πυρόεις Ηραχλέους, Στίλβων Απόλλωνος, Φάεθων Διός. Le long des parois lambrissées d'ivoire poli, une tourbe de prêtres, de sacrificateurs, de victimaires, de mages, de devins, d'astrologues, de grammairiens, d'eunuques se presse en silence, les yeux tournés vers le César. Il y a des Galles à la tunique blanche bordée de rouge, castrats aux joues fardées, aux cheveux nattés, aux yeux peints. Il y a des Isiaques en robe de bysse éclatante, avec des chaussures en feuilles de palmier, la tête rase et le haut du crâne plus luisant que les plaques d'ivoire. Il y en a d'autres vêtus de l'étole olympiaque peinte d'animaux de toutes sortes, avec des griffons sur les épaules et un diadème végétal en forme de rayons. Des pastophores soutiennent sur leurs bras des chapelles sacrées ; des dadophores portent des torches ; des hymnodes ont la flûte traversière avançant du côté de l'oreille droite; des ornatrices, chargées d'habiller les statues divines, ont entre leurs mains les ustensiles de la toilette. Un prêtre est chargé du poids des deux autels appelés « les secours »; un autre soulève un bras gauche à la paume ouverte; un autre, un van d'or plein d'aromates ; un autre, un vase arrondi en forme de mamelle pour les libations de lait ; un autre, l'urne au long bec et à l'anse ample où s'enroule l'aspic dressant sa tête écailleuse et son cou gonflé : l'urne inimitable qui contient l'eau sainte du Nil. Tous ils regardent l'Empereur.

Derrière le siège du Tout-Puissant, neuf citharèdes grecs et le conducteur Euryale, debout, attendent le signal, tous en une seule ligne comme les colonnes doriques d'un propylée, les plis droits de leurs chitons étant pareils aux cannelures. Puisque les bras recourbés des grands heptacordes surmontent les figures et les guirlandes, chaque musicien ressemble à la tisseuse devant le métier vertical où sont tendus les fils de la chaîne. Tous ainsi, à travers les sept nerfs, ils regardent l'Empereur.

Et il y a des Mithriastes, des Adoniastes, des Orphiques. Il y a beaucoup d'esclaves syriens, bruns et huilés comme les olives mûres pour le pressoir. Il y a des femmes d'Antioche, de Byblos ; des archers de Tyr, d'Emèse, de Damas, de la Mésopotamie, de la Commagène, de l'Iturée : l'odeur même du sachet de myrrhe chauffé entre les mamelles stériles : l'odeur des arbustes roux qui craquent et fument à la lisière du Désert foulé par le désespoir de la princesse incestueuse ; l'odeur du Liban rayé par les gommes coulantes, par les larmes de la veuve divine et par les eaux rouges du sang d'Adonis. Le désir de l'aridité lointaine, l'attente obscure d'une réapparition mystique, le souffle chaud de l'infatigable Astoreth semblent les troubler. Et tous, avec des yeux sombres, ils regardent l'Empereur.

Le Maître est assis sur le siège insigne, au très haut dossier orné de deux Victoires d'or. Sébastien se tient debout, devant lui, muet.

Et les grandes acclamations rythmées se suivent, prononcées à l'unisson par tous les assistants.

TOUTES LES VOIX.

— César Auguste, que les dieux
te conservent !

— César Auguste,
Empereur très saint, que les dieux
2935 te gardent éternellement !

— Que de toutes nos vies les dieux
augmentent ta vie !

— Bienheureux,
bienheureux, sois toujours vainqueur,
sois triomphateur à jamais !

2940 — Tu es le plus grand, le plus fort,
le plus saint !

— Puissions-nous mirer
ta face pour notre bonheur
éternel !

— Puissions-nous entendre
ta parole pour notre joie
2945 sans terme !

— Mais délivre-nous
des chrétiens, ô César Auguste !

— Empereur, mais délivre-nous
des chrétiens !
— Très saint Empereur,
mais délivre-nous des chrétiens !
2950 — Venge nos dieux !
— Venge nos feux !
— Venge nos temples !

L'EMPEREUR.

Salut, beau jeune homme ! Salut,
sagittaire à la chevelure
d'hyacinthe ! Je te salue,
2955 chef de la cohorte d'Emèse,
qu'Apollon aime, en qui le dieu
Porte-Lumière s'est complu !
Par mon laurier, Sébastien,
je t'aime aussi. Je veux, avant
2960 que tu ne parles, qu'on t'acclame.
Je veux qu'on t'acclame. Vous tous
à la louange infatigable,
criez en rythme : « Que les dieux
justes conservent ta beauté
2965 pour l'Empereur, Sébastien ! »
Criez en rythme.

TOUTES LES VOIX.

    Que les dieux
justes conservent ta beauté
pour l'Empereur, Sébastien !

 Ici l'Archer se voile de sa chlamyde.

L'EMPEREUR.

Tu te voiles de ta chlamyde !
2970 Tu te voiles comme la vierge
qu'on outrage ou celle qu'on va
égorger. Or je ne veux pas
t'égorger. Découvre ta tête !

 Ici l'Archer se découvre.

Je veux te couronner, devant
2975 tous les dieux.

LE SAINT.

    César, j'ai déjà
ma couronne.

L'EMPEREUR.

    On ne la voit pas.

LE SAINT.

Tu ne peux pas la voir, Auguste,
bien que tu aies des yeux de lynx.

L'EMPEREUR.

Et pourquoi?

LE SAINT.
                    Parce qu'il faut d'autres
2980 yeux, armés d'une autre vertu.

L'EMPEREUR.

Où sont-ils les magiciens
qui t'aident dans tes artifices
et qui t'enseignent tes prestiges?

LE SAINT.

Je n'ai d'autre art que la prière.

L'EMPEREUR.

2985 Est-il vrai que tu as dansé
sur des charbons ardents?

LE SAINT.
                    César,
non: sur une jonchée de lys.

L'EMPEREUR.

Quand tu florissais dans ta grâce,
je m'en souviens, tu dansais mieux
2990 que tout autre entre des épées
nues. Parfois on lançait des flèches
sous tes pieds bondissants. Aucune
ne t'atteignit.

LE SAINT.
                Je ne crains pas
le fer.

L'EMPEREUR.
    Tu étais le Seigneur
des danses venu de Béryte
marine !

    Il le contemple, et il songe.

            Est-il vrai qu'au solstice
tu as blessé le ciel?

LE SAINT.
                Le ciel
m'a blessé.

L'EMPEREUR.
            Femmes de Byblos,
Mais fut-ce au solstice d'été,
ou à l'équinoxe d'automne,
que le dur sanglier blessa
Adonis? Ne ressemble-t-il
pas, cet archer, à votre jeune
dieu, femmes?

    Les Syriennes répondent ensemble, d'une voix douce et voilée.

LES FEMMES DE BYBLOS.
            Il est beau, César.

L'EMPEREUR.

3005 Je ne crois pas, je ne veux pas
croire aux délits dont on t'accuse,
chef de ma cohorte légère.
Tu es trop beau. Et il est juste
qu'on te couronne, devant tous
3010 les dieux. Je ne veux pas savoir
si tu fais des rêves. Je t'aime.
Tu m'es cher. Dis : ne t'ai-je pas
comblé d'honneurs, de bénéfices,
d'ornements, d'heures glorieuses
3015 et de belles armes? Tu mènes
mes archers d'Emèse, plus sveltes
et plus dorés que ceux qui vinrent
avec Elagabale aux cils
peints, suivant le char de la Pierre
3020 noire traîné par les panthères
odoriférantes. Ils sont
les sagittaires du Soleil,
qui est le seigneur de l'Empire.
Comme nerfs à leurs arcs, ils ont
3025 des cordes de cithare ; ils portent
des rayons dans leurs longs carquois.
Tu les mènes. Je t'ai donné
mes plus belles Aigles. Je t'ai
envoyé tuer des Barbares
3030 sur le Danube. Tu as eu

des combats et des jeux. Toujours
j'ai tourné vers toi le plus clair
de mes visages.

LE SAINT.
Oui, tu m'as été libéral,
3035 seigneur.

L'EMPEREUR.
Je ne veux pas savoir
si tu fais des rêves étranges
autour d'un roi de Saturnales,
d'un esclave en tunique rouge,
monarque d'un jour, qu'on immole
3040 sur l'autel de Saturne. Si
je te nomme l'Enfant aux rêves,
ce n'est pas pour t'égorger.

Ici il quitte son siège ; il marche vers le Jeune Homme ; il le touche de sa main à l'épaule.

Vois.
J'ai là tous mes dieux.

Il pousse un peu le Jeune Homme, le force à se retourner vers l'abside et à regarder la multitude des idoles.

Vois. Regarde.
Dans tous les marbres, les métaux,
3045 les bois, les argiles, les verres,

et dans les pierres fulgurales
qui sont les messages des nues,
et dans les pâtes inconnues
semblables aux ambres, aux nacres,
3050 aux labyrinthes les plus vains
de la mer, j'ai les simulacres
de tous les dieux ; car le Divin,
s'il rompt les peuples et les damne
au carnage, au ban, à l'encan,
3055 s'il ceint les rois de son carcan,
Antipater ou Epiphane,
s'il pille les temples, profane
les vases, défonce les vans,
il redresse les Immortels
3060 d'entre les colonnes brisées,
allumant de nouveaux autels
au feu des villes embrasées.

  Il presse encore de sa main puissante l'épaule du Jeune Homme.

Vois. Regarde la multitude
des Formes, la forêt des Forces.
3065 Choisis. Il y en a de rudes
comme les souches, les écorces,
les racines. Il y en a
de flexibles comme les feuilles,
les fleurs, les tiges ; car les fleurs

3070 les plus belles sont nées de leurs
joies, de leurs tristesses, de leurs
vengeances. Et Coré les cueille
toujours dans la plaine d'Enna.
Tu peux choisir pour ton offrande
3075 un dieu farouche, une déesse
molle, du sang, du miel. Qu'on tresse
d'anémone et de laurier-rose,
sans bandelettes, deux guirlandes.
Je veux ceindre l'Enfant morose
3080 et me ceindre avec lui.

LE SAINT.
César,
sache que j'ai choisi mon dieu.

L'EMPEREUR.
Le Soleil? Et je te ferai
pontife du Soleil, au temple
du Quirinal. J'ajouterai
3085 d'autres dépouilles aux dépouilles
de Palmyre.

LE SAINT.
Celui, celui
que tu nommes l'esclave rouge,
le monarque d'un jour, le roi
sanglant, je l'ai choisi de toute
3090 mon âme, au delà de mon âme.

La colère de l'Auguste, mêlée de raillerie, est stridente comme un feu sous la grêle.

L'EMPEREUR.

Il veut du sang, il veut du sang,
cet éphèbe pâle, du sang,
des souffrances et des ténèbres !
Nous en avons, nous en avons.
3095 J'ai des dieux qu'on remplit de sang
noir jusqu'à la couronne, comme
on remplit de vin les amphores
jusqu'au bord. Sur le Palatin
et ici, j'ai des Phrygiens
3100 qui ululent, qui se flagellent
avec des lanières armées
de plombs, qui s'entaillent les bras
à grands coups de glaive et de hache,
qui s'évirent avec des pierres
3105 tranchantes, et même qui boivent
la liqueur chaude longuement.
En veux-tu ? Qu'on l'initie donc
au taurobole ! Qu'on le couche
dans la fosse, sous le plancher
3110 à mille fentes ; qu'on égorge
au-dessus de lui le taureau ;
et qu'il reçoive la rosée
vermeille, jusqu'à la dernière

goutte, sur tout son corps impur,
comme le myste de Cybèle.
Et tu seras rassasié !

LE SAINT.

Rassasie de cette souillure
tous ces prêtres aux tambourins.
Fais-les crier comme Thyades
qui bondissent sur les collines
déchirant leurs propres enfants !
Je ne veux pas de ton bétail
ni de tes bouchers, Empereur.
Sur mon corps impur j'ai reçu
un autre baptême : un baptême
de rayons.

L'EMPEREUR.

      Le dieu rayonnant
est un seul : Apollon Soleil !

LE SAINT.

Il est éteint comme un tison
qu'on a plongé dans l'eau lustrale.
Seul le Christ rayonne, l'Unique !
Il régit dans sa main la force
du ciel creux, comme le marin
serre l'écoute de la voile.
Entre vous et le jour, Il est.

3135 Entre vous et le soleil mort,
Il est, Unique.

Dans l'emportement de la fureur, l'Auguste se tourne vers les joueurs de lyre, invoque le coryphée, dominant de son tonnerre le tumulte des prêtres.

L'EMPEREUR.

Cithares, cithares, cithares,
faites la lumière, aveuglez
l'impie ! Euryale, Euryale,
3140 entonne l'hymne !

Il marche vers son siège ; et il se rassied, dans l'attitude de l'Olympien, dont il a joint le nom à son nom.

LES CITHARÈDES.

Paian, Lyre-d'or, Arc-d'argent,
Seigneur de Délos et de Sminthe,
beau Roi chevelu de lumière,
ô Apollon...

Magister Claudius sonum dedit.

Telle une bande de lumière soudaine vibre à travers les tiges des blés et transmue en or glorieux leur sécheresse, tel le premier rayonnement de l'Ode semble parcourir la longue ordonnance des cithares et enflammer d'un même éclair toutes les cordes.

LE SAINT.

3145 Cessez !

D'un signe, il a interrompu les chanteurs qui renversaient la tête pour invoquer le nom du prophète delphien.

Cessez, ô citharèdes
d'un démon qui n'a plus de char,
ni plus de traits, ni plus de nerfs
à la lyre et à l'arc, ni plus
de diadème sur la honte
3150 de son front. Silence ! Silence !

Une sorte d'annonciation mélodieuse, légère comme un murmure d'abeilles, semble se répandre dans le pentagone d'ivoire. L'Empereur assis, appuyé sur le coude, regarde le Jeune Homme, assemblant la stupeur et la fureur entre ses sourcils froncés.

O vous qui me voyez inerme,
je suis l'Archer certain du but.
Je suis l'esclave de l'Amour.
Je suis le Maître de la Mort.
3155 J'ai, d'un signe, étouffé le chant
dans votre gorge et engourdi
vos doigts. Écoutez l'autre lyre !
Je vous adjure, au nom du Christ,
par l'ombre de la Croix sanglante,
3160 par cette ombre qui vous recouvre.
Vous en avez déjà la bouche
pleine jusqu'aux poumons, chanteurs,

vous qui vous haussiez sur l'orteil
pour mâcher la lumière d'or.
3165 Broyez cette ombre.

    L'Empereur bondit.

L'EMPEREUR.

Égorgez-le !

    Des sacrificateurs s'élancent comme des bourreaux.

                Non. Je veux rire.
Je cherche des façons nouvelles.
J'invente des modes nouveaux.
Le long du palus pestilent
3170 où chantent les grenouilles noires,
ce soir même, tu vas rejoindre
ton Guérisseur de Galilée.

    Il rit ; puis il s'emporte.

Mais ne regarde pas ton maître !
Tu es l'esclave des esclaves.
3175 Cache tes yeux peints de nuit bleue.
Voile du pan de ta chlamyde
ta pâleur phrygienne.

    Le Saint fait l'acte de s'envelopper le visage, comme dans le rite de la consécration.

                Non.
Donnez-lui, sacrificateurs,

une robe blanche, entourez
3180 de verveine et de bandelettes
sa chevelure de joueuse
de flûte ; et qu'il ait pour compagne
au sacrifice une colombe
d'Amathonte.

Les ordres du Maître et les mouvements des exécuteurs sont comme les éclairs et les foudres. Personne n'hésite ni ne réfléchit. La main souveraine semble les saisir comme des armes ou des outils, prêts à frapper ou à besogner. Le monosyllabe les arrête, les fige.

Non. Des couronnes,
3185 des couronnes et des colliers,
des couronnes rouges, de lourds
colliers, des torques de Gaulois,
des anneaux de soldats sabins,
les boisseaux d'Annibal remplis
3190 de bagues sanglantes, sans nombre,
sans nombre, pour l'ensevelir
vivant sous les fleurs et les ors,
comme Brennus fit de la vierge
d'Éphèse, comme ces vainqueurs
3195 de Naxos firent de la vierge
Polychrite après le carnage
nocturne.

Il atténue son emphase menaçante dans la similitude ingénieuse ; et il regarde de côté ses rhéteurs et ses grammairiens, qui arrondissent la bouche et soulèvent les bras pour témoigner à l'Érudit leur émerveillement unanime. Il sourit, se rassied et contemple le héros imberbe, avec un étrange feu dans ses prunelles aiguës.

Mais comme il est beau !
Il est trop beau. Je veux qu'il chante,
qu'il chante son extrême chant,
3200 tel le cygne hyperboréen,
s'il a brisé l'essor de l'hymne
à la syllabe la plus sainte.
O Euryale, porte-lui
la plus vaste de mes cithares,
3205 pour qu'après tu puisses clouer
contre les deux cornes sonores
le sacrilège ivre de myrrhe.
C'est ce que je veux. Obéis.
Que la cithare délienne
3210 soit le gibet de cet éphèbe.
Car il est beau.

Le conducteur du chœur s'avance, soutenant par la caisse une grande cithare chryséléphantine, belle et solennelle comme les simulacres gardés dans les Trésors des temples. Sept gemmes de couleurs diverses sont enchâssées, comme dans des chatons, dans les sept attaches des cordes sur la branche transversale en forme de joug ; et une pure bandelette est attachée au côté droit, comme à la tempe d'une Muse vivante. Elle propage, dans son parcours, des ondes nombreuses. Tel le cygne fluvial, de sa poitrine gonflée par le même souffle qui ouvre en corolle ses ailes, émeut l'eau qui tout autour s'harmonise. *Magister Claudius sonum dedit usque ad finem.*

LE SAINT.

Je suis mon sacrificateur.
Je vous le dis.

Il prend la cithare, il l'appuie sur sa hanche gauche ; et, la tenant par l'une des cornes comme une victime, il la mutile avec le petit couteau des Agapes, qu'il avait caché dans les plis de son vêtement. On entend gémir les cordes coupées. Des imprécations, des implorations, des invocations surgissent de la tourbe fluctuante. L'Empereur reste assis, le torse tendu en avant, le regard fixe, dans une sorte de ravissement farouche, transporté par son âme avide de prodiges et de songes.

LES ORPHIQUES.

— Orphée ! Orphée ! Fils d'Apollon !
— Fils de Calliope, tu vois :
avec le couteau de l'Agape
il vient de trancher les sept cordes !
— Par les larmes des sept Pléiades,
tuez l'impie !

DES VOIX EPARSES.

3220 — Tronquez son chef !

— De l'Hèbre au Tibre !

— Donnez le supplice de Thrace
à l'impie !

— Liez par les tresses
de ses cheveux son chef exsangue
au joug de la Lyre ! Mettez
3225 son tronc en lambeaux !

— Jetez-le
au Tibre !

— Au Tibre !

— A la Cloaque !
— A la Cloaque !

LES ORPHIQUES.

Orphée, Orphée, approche, inspire
ceux qui enseignent tes mystères,
3230 fils d'Apollon !

Dans le laraire l'ombre devient effrayante.
Des flamines jettent des poignées d'aromates
sur la braise des autels. Les lueurs se reflètent
dans la voûte dorée, sur la multitude divine.
On voit briller les plaques, les disques, les
croissants, tous les emblèmes, et les regards
inflexibles des yeux d'émail. Des esclaves
ont apporté des corbeilles remplies de couronnes
et des boisseaux remplis de colliers. La cithare
mutilée est étendue sur les dalles, au pied du
Jeune Homme intrépide.

LE SAINT.

César, écoute l'autre lyre.
Je ne chanterai pas mon hymne.
Ah, j'ai trop d'amour sur mes lèvres
pour chanter ; et mon cœur m'étrangle
3235 jusqu'à ce que je ne l'entende
plus. Qu'il t'en souvienne, César !
Mais de la hampe de mon dard
les Messagers du nouveau dieu
ont fait leurs plectres invincibles.
3240 Ecoute, écoute. La forêt
de métal, de cèdre et de pierre,
la forêt drue de tes idoles,
va se courber, va s'écrouler
sous le vent de la mélodie.
3245 César, César aux yeux de lynx,
je danserai, je danserai,
si je suis le Seigneur des danses
venu de Béryte marine
avec tes cargaisons d'épices,
3250 avec ta pourpre, avec ton bysse,
avec tes parfums et tes vins.
Pour tes mages et tes devins
je danserai la Passion
de ce Jeune Homme asiatique.
3255 de ce Prince supplicié :
car la feuille de ton laurier

DE SAINT SEBASTIEN 217

est comme le fer de la lance
qui lui perça le flanc anxieux.
De la profondeur de tes yeux
3260 regarde. Écoute, et puis regarde.
Ne tremble pas.

Il recouvre de sa chlamyde la cithare mutilée. L'Empereur semble s'enivrer de chacun de ses gestes. Il se tend vers l'imberbe, il lui parle d'une voix soumise et ardente.

L'EMPEREUR.

Sois un dieu. Je te ferai dieu.
Tu auras des statues, des temples.
Je t'aimerai.

DES VOIX EPARSES.

3265 — Il apprête l'enchantement.
— Il compose un charme lugubre.
Il est beau, cependant, César.
— César, plus la victime est belle,
plus elle est agréable aux dieux.
3270 — Jetez la torche entre ses pieds.
— Scellez sa bouche avec le feu.
— Il a dans le creux de ses paumes
la terre qui comble les tombes
et les larmes de l'oliban.
3275 — Seigneur des danses !

LE SAINT.

César, regarde. Et souviens-toi
de l'étoile qui fut clouée
au cœur vivant du Ciel, en gage
de la parole radieuse
3280 parlée par la bouche de l'Oint.
Tu la sauras.

L'EMPEREUR.

Dis la parole. Sois ce dieu.
Je veux appeler de ton nom
la plus lointaine des étoiles,
3285 ou la plus proche.

LES FEMMES DE BYBLOS.

— Comme il est beau ! Comme il est beau !
— Ses boucles sur son front têtu
sont les grappes de la douleur.
— Son regard est comme l'effluve
3290 du sommeil, la nue du benjoin.
— Il sort du lit élyséen
avec des pavots dans ses mains.
— Tu es beau, tu es beau, Seigneur,
semblable à l'anémone en fleur,
3295 pareil à l'Archer du Liban.
— Seigneur des danses !

Par ses pas, ses gestes, ses attitudes, les

aspects de sa face douloureuse, l'angoisse de ses paroles étouffées, le Confesseur exprime le haut drame du Fils de l'homme autour de la chlamyde étendue, comme autour d'une dépouille sanglante.

Par intervalles, les esprits de la musique le surmontent et le ploient comme le fleuve ploie le roseau et le saule. Il reste ainsi, courbé ou renversé, immobile comme un enfant de Niobé, tandis que la mélodie seule atteint les sommets indicibles. Ensuite, il se redresse et se transfigure. Il est plus pâle que les marbres et les ivoires, plus resplendissant que la lune sur le front d'Isis. Le métal de sa voix est transmué par la flamme du cœur profond.

LE SAINT.

Avez-vous vu celui que j'aime?
L'avez-vous vu?

Un frisson merveilleux court dans toutes les chairs humaines. Les prêtres, les mages, les musiciens, les archers, les esclaves ne sont qu'un seul regard allumé à la cime d'une seule attente. Et les femmes, moites de malaise, la gorge aride, semblent défaillir.

Tout à coup, un grand silence plane sur l'ardeur de la vie. Celui qui apporte le témoignage des choses cachées est seul, sous l'espèce de l'Éternel. Sa voix est celle même de l'agonie sublime.

Il dit alors : « Mon âme est triste jusqu'à la mort. Restez ici

et veillez. » Et il se prosterne
et dit dans sa prière : « Écarte
cette coupe de moi, Seigneur.
Toutefois, non comme je veux
3305 mais comme tu veux. » Sa sueur
tombe comme gouttes de sang,
trempe la terre.

La sueur mortelle et le sang noir et les sursauts du supplice et les battements du flanc transpercé et le profond soupir, et les larmes de l'inconsolable amour, et le corps embaumé dans le linceul, et toutes les ténèbres : ces choses, il les contient, semblable au grain que verse le Van mystique, où tout est contenu. Or le souffle lugubre semble venir de loin, de la lointaine Asie desséchée, des côtes de la Phénicie, des gorges du Liban, des confins de l'Euphrate, des oasis du Désert. Les femmes syriennes tressaillent comme par la présence de leur dieu androgyne.

LES FEMMES DE BYBLOS.
Ah ! Tu pleures le Bien-Aimé !
Tu pleures l'Archer du Liban.
3310 O sœurs ! O frères !

Elles revoient le fleuve rougi par le sang du chasseur divin, et les catafalques funéraires dressés aux abords des Temples, et l'image du dieu mort enveloppé dans les baumes et les linges, et le cercueil orné d'anémones et de roses ; et les cheveux épars, les ceintures dénouées, les robes déchirées, les larmes versées sur le seuil des portes ou le long des murailles saintes.

Hélas ! Tu pleures Adonis !
O sœurs ! O frères !

Et les autres femmes s'émeuvent ; et toutes les veines de la même race palpitent ; et les bras se tendent, et les bouches se gonflent, et le Chœur se forme et gémit.

CHORVS SYRIACVS.

Hélas ! Tu pleures Adonis !
Il se meurt, le bel Adonis !
3315 Il est mort, le bel Adonis !
Femmes, pleurez !

Voyez le bel Adolescent
couché dans la pourpre du sang.
Donnez les baumes et l'encens,
3320 femmes ! Pleurez !

Voyez le sang couler de l'aine,
le sang noir sur la cuisse blême.
Mêlez à l'huile syrienne
vos pleurs ! Pleurez !

3325 Pleurez, ô femmes de Syrie,
criez : « Hélas, ma Seigneurie ! »

Toutes les fleurs se sont flétries.
Criez, pleurez !

>Le Chœur s'éteint. Et une voix solitaire semble surgir d'une profondeur infinie, ayant traversé toute la masse de la souffrance comme le souffle traverse le poumon.

VOX SOLA.

« Je souffre » gémit-il. Ecoute !
3330 « Je souffre. Qu'ai-je fait? Je souffre
et je saigne. Le monde est rouge
de mon tourment.

Ah, qu'ai-je fait? Qui m'a frappé?
J'expire, je meurs. O Beauté,
3335 je meurs mais pour renaître impé-
rissablement. »

CHORVS SYRIACVS.

Il se meurt, le bel Adonis !
Il est mort, le bel Adonis !
O Vierges, pleurez Adonis !
3340 Garçons, pleurez !

Et vous, et vous, dans les couronnes
rougissez de deuil, anémones !
L'Epoux descend à Perséphone.
Eros, pleurez !

3345 Il descend vers les Noires Portes.
Tout ce qui est beau, l'Hadès morne
l'emporte. Renversez les torches,
Eros ! Pleurez !

Pleurez, ô femmes de Syrie !
3350 Il va dans la pâle Prairie.
Toutes les fleurs se sont flétries,
hélas ! Pleurez !

> Le Chœur s'éteint. L'Archer est haletant, éperdu. Il secoue sa chevelure, comme pour en faire tomber les anémones vénéneuses. D'une voix trouble qui passe à travers toute sa chair, il augmente sa propre frayeur.

LE SAINT.

Quel est ce jeune homme tout blanc
assis à l'entrée du sépulcre?
3355 « Vous cherchez le crucifié.
Et pourquoi cherchez-vous parmi
les morts celui qui est vivant? »
Or Il est là, debout. Il dit :
« Ne pleurez plus. »

> Il est là, debout, lui-même. Il est le Ressuscité de la tombe rupestre. Descend-il du Golgotha? descend-il du Liban? Il est beau comme un dieu est beau. Une chaude et fauve lueur l'enveloppe, comme si un nuage en feu était venu de l'occident se mirer dans

le bouclier soulevé qui laisse fuir par le soupirail la fumée des aromates.

VOX SOLA.

3360 Cessez, ô pleureuses ! Le monde
est lumière, tel qu'il l'annonce.
Il renaît dieu, vierge et jeune homme,
le Florissant !

Il est debout, le Désirable.
3365 Ses mains sont pleines de semences.
Il va ramener dans ses danses
chastes l'Absent.

Il renaît, il se renouvelle.
O frère des Saisons jumelles,
3370 debout ! La mort est immortelle,
dieu, par ton sang.

LES FEMMES DE BYBLOS.

Le dieu ! Le dieu ! Voilà le dieu !
Il est debout.

L'EMPEREUR.

Il est un dieu, il est un dieu !

Il bondit, ivre de prodige, de songe et de création. Ce cri fulgurant, jailli de sa poitrine oppressée, couvre toutes les voix, les éteint. Il s'approche de l'Etre mystérieux. Il lui parle dans le silence que les profondes haleines font pareil au silence des rivages. Maintenant il semble que la multitude exsangue des idoles soit plus vivante que la tourbe des humains.

3375 Tu es un dieu. Je te fais dieu,
moi, le Maître de l'Univers,
qui ai joint à mon nom le nom
du Tonnant. Moi, je te fais dieu.
Tout est licite à l'Empereur.
3380 Hadrien a déifié
le Jeune Homme de Bithynie
à la bouche mélancolique.
Je veux te consacrer un temple,
un temple sur le Viminal,
3385 avec des trésors et des prêtres.
Tu auras des autels toujours
fumants, des offrandes opimes,
des louanges harmonieuses ;
et on parfumera de rose
3390 le marbre de tes simulacres
comme à Délos.

Le Jeune Homme est ébloui, vacillant, perdu dans une immense lumière vertigineuse comme la lumière du Désert embrasé où vibre le crissement des sauterelles. A-t-il, lui aussi, jeûné pendant quarante jours et quarante nuits? Il parle comme en songe, comme dans le délire de la faim.

LE SAINT.

Je souffre, je souffre. Les cieux
s'évanouissent. Une main
m'a pris par les cheveux. Quelqu'un
3395 a crié : « Béni soit le Roi
qui vient au nom d'Adonaï ! »
Adonaï ! Adonaï !
Ai-je entendu ?

> Les bêtes sauvages se sont enfuies dans les sables, les Anges se sont évanouis dans le soleil. Le Tentateur se rapproche.

L'EMPEREUR.

Tu vas, cette nuit, apparaître
3400 aux yeux du peuple, dans les rues
arrosées de safran punique,
parmi la clameur des cohortes,
au milieu de torches nombreuses
comme mes désirs, sur un char
3405 traîné par des éléphants blancs,
si haut qu'on abattra les Arcs
de Triomphe sur ton passage,
on ouvrira dans les murailles
des brèches pour que tu n'inclines
3410 point ta tiare.

> Le Jeune Homme parle comme en songe, comme dans le délire de la soif.

LE SAINT.

Quelle splendeur sort de mes os?
Suis-je lumière? « Qui me voit,
voit celui qui m'a envoyé. »
L'a-t-Il dit? Je souffre, je souffre.
3415 « Tu es mon fils, le Bien-Aimé.
En toi je prends plaisir. » Peut-être,
nous sommes un. Tout s'obscurcit.
Les cieux s'évanouissent. Suis-je
au faîte du Temple? au sommet
3420 du Mont, avec le Tentateur?
« Si tu es le fils d'Elohim,
jette-toi en bas. » O vertige !
Il m'a saisi par les cheveux.
« Maintenant mon âme est troublée ;
3425 et que dirai-je, que dirai-je? »
Ma vie s'évanouit. Les Anges
sont loin, loin. J'entends d'autres voix.
« Je te donnerai tout cela,
si tu m'adores. »

L'Empereur a enlevé l'une des deux Victoires d'or qui ornent le haut dossier de son siège. Et, dans sa main tendue vers le Déifié, il serre le globe qui soutient le pied léger de la déesse très désirable.

L'EMPEREUR.

3430 Prends la Victoire impériale
dans ton poing fort et décharné
comme la griffe de mes aigles.
Ce globe est l'orbe de la Terre
et la pomme des Hespérides.
3435 Or tu es dieu, tu es César,
tu es Prince de la Jeunesse :
tu as la puissance et la joie,
la merveille tissée des songes
pour vêtir ton corps ambigu,
3440 les perles et le laurier-rose
pour tes tempes étincelantes.
Tu auras tout, tu auras tout.
Je te donnerai les butins
de toutes mes guerres d'Asie,
3445 de mon Asie profonde et chaude
comme la gueule du lion
et comme le cœur d'Alexandre.
Moi vivant, je te léguerai
l'empire. Tu seras le maître.
3450 Etant dieu pour rester lointain
dans tes silences, tu seras
empereur pour te rapprocher
et pour t'agiter. Tu feras
verser du sang, fonder des villes,
3455 ployer des rois, sécher des mers,

chanter des poètes, mourir
des héros, surgir des aurores
inconnues du fond des douleurs
inexpugnables. Tu auras
3460 le monde tremblant dans le creux
de ta main comme l'alouette
dans le sillon avant le jour.
Ah, qui donc, des choses plus belles
que toutes ces choses, qui donc
3465 te les donnera? Tends le poing,
prends la Victoire !

 Lentement, lentement, comme en un songe, le Déifié tend son bras droit vers le donateur ; et il reçoit dans la paume le simulacre de la déesse qui « seule rompt l'incertitude du combat ». Il serre le globe entre ses doigts endurcis par le nerf de l'arc ; et, renversant le front têtu qu'alourdissent les grappes de la douleur, il mire de dessous ses larges paupières l'Or triomphal dressé au bout de son bras rigide.

 L'Auguste s'abandonne à sa démence magnifique.

L'EMPEREUR.

Chantez ! Bondissez ! Exultez !
Que tous les marbres, tous les bronzes
divins bondissent eux aussi
3470 comme le thiase d'Evan ;

car ce dieu renaît de l'abîme
de mon cœur, avec mille noms,
avec mille noms ineffables,
et seul je ravis aux Puissances
3475 noires pour toujours sa beauté !
Que, toute la nuit, le tonnerre
triomphal des buccins résonne
au sommet des saintes collines,
jusqu'à ce que les joues éclatent,
3480 jusqu'à ce que tout l'éther soit
un bouclier de Corybante,
jusqu'à ce que ma Rome entende
hurler vers les hauts Dioscures
la Louve aux mamelles d'airain !
3485 Et vous, tracez le temple, Augures :
annoncez l'étoile future
au ciel romain !

Le Déifié a tendu l'autre bras aussi ; et il serre maintenant la Victoire impériale dans ses deux mains, si fort qu'on croirait entendre le métal craquer. Seul les soulèvements de sa poitrine indiquent la violence du combat invisible. Les lèvres sont ouvertes, comme la déchirure même de son âme vivante, sur ses dents fermées. Autour de lui, dans les fleurs, dans l'or, dans les parfums et dans la flamme, au son des cithares et des flûtes, les Adoniastes semblent mener l'orgie divine comme dans le temple de Byblos après le

septième des jours funèbres, quand les femmes
descendaient au port pour y recueillir la tête
de papyrus jetée dans la mer par les Alexan-
drines et poussée par le courant jusqu'à la ville
phénicienne.

SEMICHORVS I.

Io ! Io ! Adoniastes !
O sœurs, ô frères, exultez !
3490 Le Seigneur est ressuscité !
Il conduit la danse des astres.

Io ! Déliez vos cheveux,
dénouez vos ceintures, femmes !
Du noir Hadès où sont les âmes
3495 il nous revient, le Bienheureux.

SEMICHORVS II.

Tu es beau, tu es beau, Seigneur !
Io ! Salut, ô Bien-aimé !
Tour à tour tu renaîs et meurs,
Enfant de l'Immortalité.

3500 Donnez la rose et l'anémone,
sang et larmes, au Florissant !
Ceignez-le des mille couronnes
germées des larmes et du sang !

CHORVS.

O neuve jeunesse du monde !
Couronnez Cypris, couronnez
Eros invaincu, couronnez
trois fois Cybèle la profonde !

Couronnez Pan au thorax bleu,
le roi Pan aux deux cornes torses !
Io, Pan ! Pour toutes les forces,
Io, couronnez tous les dieux !

Le cri soudain et terrible du Ressuscité domine le chœur orgiastique.

LE SAINT.
Jésus, Jésus, Jésus, à moi !
Au secours, Seigneur ! A mon aide,
ma force, ma flamme, mon Roi !

De toute la hauteur de ses bras, il élève en l'air la Victoire, et la lance contre la mosaïque luisante, aux pieds de l'Auguste. Tous les bruits tombent. La voix du Confesseur a l'éclat des buccins.

César, maudit, j'ai dans mon poing
mon âme nue, victorieuse,
splendide, aux six ailes de feu.
J'ai brisé ton idole, j'ai
brisé ton or, comme toi-même
tu seras brisé, tu seras

foulé. Tous tes os se séparent.
Je vois le signe de la lèpre
sur ton front de bouc. La nuit vient.
L'entends-tu? La nuit rugit comme
3525 une lionne, déchirant
les rets de ses nuages noirs.
La Louve a peur.

L'EMPEREUR.

Renversez-le ! Renversez-le !
Scellez sa bouche avec la torche !
3530 Faites de sa face une plaie
fumante !

 Des hommes obéissent si vite qu'on entend la crépitation des flammes allongées par la véhémence du geste.

   Non !

 Il semble ronger de ses yeux voraces la figure du Jeune Homme. Il dompte sa fureur. Le Saint ramasse la chlamyde et s'enveloppe la tête comme dans le rite de la consécration. La cithare mutilée reluit à terre, découverte.

DES VOIX ÉPARSES.

— Auguste, Auguste, souviens-toi !
— O Divin, venge ta cithare !
— Venge Apollon !

LES ORPHIQUES.

3535 Orphée ! Orphée, caché, sonore,
viens à ce sacrifice, Maître
des visions !

L'Auguste a dompté sa fureur. Il est grave comme un pontife quand il s'avance vers le Saint et le découvre, tirant la chlamyde par le bord.

L'EMPEREUR.

Euryale, et toi, Nicanor,
étendez-le sur la cithare.
3540 Ainsi. Ainsi. Mais doucement.

Le Saint ne résiste pas : car son âme est transportée hors d'elle-même.

Femmes de Byblos, les plus belles,
venez le composer. Ainsi :
entre les deux cornes d'ivoire,
la tête contre le joug d'or ;
3545 et sur sa poitrine le plectre.
Ainsi. Ainsi. Très doucement.
Et enroulez ses belles boucles
autour des sept cordes coupées,
très doucement.

Le Saint ouvre les bras et joint les pieds, comme le Crucifié.

LE SAINT.

3550 En vérité je vous le dis,
si des frères secrets m'écoutent
parmi les esclaves honteux
qui doivent gémir sous les verges
et attendent le changement :
3555 Jésus veut me glorifier.
Moi et le Christ, nous sommes Un.
J'ouvre les bras. Nous sommes Un,
pour les Clous, la Lance et l'Éponge.
Voici. J'ai soif ; mon côté saigne ;
3560 mes mains et mes pieds sont cloués.
Gloire éternelle !

L'EMPEREUR.

Ne le touchez plus de vos doigts !
L'art de sa démence est sublime.
Le son de sa faute est divin.
3565 Certes, c'est la divinité
de ma cithare, qui lui donne
une fin si mélodieuse.
Il meurt dans le mode dorique.
Ne le touchez plus de vos doigts !
3570 Ne touchez pas à sa pâleur.
Je ne veux pas ouvrir ses veines,
bien qu'il se dise tout sanglant.
Je songe à la vierge d'Ephèse,

à cette fille naxienne...
3575 Mais il est pâle, Adoniastes,
plus que vos images de cire
après l'équinoxe d'automne,
sur vos lits d'ébène, à Byblos.
Il renaissait, et il se meurt.
3580 O pleureuses, pleurez encore !
Il se meurt, l'Archer du Liban !
O sagittaires chevelus,
ô mes sagittaires d'Emèse,
de Damas, de la Commagène,
3585 de Palmyre et de l'Iturée,
il se meurt, le bel Adonis !
Pleurez, pleurez !

> Dans un ton très bas la lamentation adonienne recommence. Des flamines jettent des poignées d'aromates sur la braise des autels. Les dadophores soulèvent leurs torches vers les idoles innombrables, qui vont recevoir le sacrifice. Les plaques, les disques, les croissants, tous les emblèmes, et les regards inflexibles des orbites d'émail, étincellent sous la voûte d'or ; tandis que l'Empereur s'incline vers le Saint silencieux, pour le tenter.

Par le haut Soleil invaincu,
ô mourant, écoute l'Arbitre.
3590 Tout ce que j'ai voulu t'offrir,
je le tiens dans ma main encore.

Tu pourrais encore être un dieu,
avoir ton temple.

LE SAINT.

Le Christ règne ! Tu n'es que fange.
3595 La mort est vie.

L'EMPEREUR.

Étouffez-le sous les couronnes,
étouffez-le sous les colliers,
sous les fleurs, l'or et la musique,
sous les désirs, l'or et les plaintes,
3600 car il est beau.

On vide les corbeilles, on vide les muids. On ensevelit le Saint sous les colliers, comme la vierge d'Ephèse ; on l'étouffe sous les couronnes, comme la vierge de Naxos. Les esclaves syriens renversent les flambeaux. Les archers d'Emèse, en commémoration de la Flèche qu'on ne vit pas retomber, plient un genou et bandent leurs grands arcs vers l'œil du ciel qui reluit, par la baie circulaire, à travers la fumée de l'oliban.

CHORVS SYRIACVS.

Il descend vers les Noires Portes.
Tout ce qui est beau, l'Hadès morne
l'emporte. Renversez les torches,
Eros ! Pleurez !

EXPLICIT
SECVNDVM SANCTI SEBASTIANI
SVPPLICIVM INCRVENTVM

LA QUATRIEME MANSION

LE LAURIER BLESSE

LES PERSONNAGES.

LE SAINT.

SANAE.

LES ARCHERS D'EMESE.
LES ADONIASTES.

LE BON PASTEUR.

LES TROIS COUVEUSES DE CENDRES.

CHORVS SYRIACVS.

N aperçoit les antiques lauriers du bois d'Apollon, sur une colline ronde comme une mamelle. Ils sont drus et touffus à l'entour, sombres et immobiles comme leurs images votives de bronze offertes dans les sanctuaires. Leurs troncs, hérissés de feuilles aiguës comme les pointes des lances, surgissent contre le ciel latial où fument les longues traînées sulfureuses du jour fuyant. Ils entourent la clairière sainte qu'un autel triangulaire de pierre occupe, rongé par les années et les pluies, sans feu dans l'ombre. Trois femmes sont assises sur les monceaux des vieilles cendres, silencieusement enveloppées dans leurs manteaux noirs, les genoux entre leurs bras et la tête entre leurs genoux. Sont-elles les Parques filles de l'Erèbe, sans quenouille, sans fuseau, sans ciseaux? Sont-elles les Furies filles de la Terre, sans leurs fouets de couleuvres et sans leurs torches

tartaréennes ? Sont-elles les Grâces filles du Soleil, devenues décrépites et lugubres, couveuses de cendres ? Comme des Sybilles ou comme des Suppliantes, elles semblent somnoler ou être accablées de fatigue et de malheur.

De hautes tombes sont éparses dans la plaine latine ; des aqueducs interminables chevauchent vers la cité et vers la nuit.

On a dépouillé le Martyr pour l'attacher au tronc d'un grand laurier avec des cordes de sparte. Debout, les pieds nus sur les racines noueuses, il repose sur la tige svelte de sa jambe droite le poids de son corps lisse comme l'ivoire; et, les poignets liés au-dessus de sa tête, il ressemble au beau diadumène qui se ceint du bandeau.

C'est aux Sagittaires d'Emèse que l'Auguste a ordonné de venger par les flèches le Soleil seigneur de l'Empire. Ils sont éperdus d'amour et de crainte. Sanaé, l'archer aux yeux vairons, est parmi eux. Il épie la plaine.

SANAE.

3605 Ils sont loin, ils sont déjà loin !
On n'aperçoit plus les chevaux
de la turme. Une croupe blanche
disparaît au détour, derrière
les Tombeaux : le décurion.
3610 Il n'a jamais tourné la tête.
Seigneur, nous allons maintenant
te délier.

LE SAINT.

    O Sanaé,
tu ne te souviens plus ! Tu as
tout oublié. Que t'ai-je dit?
3615 « Souvenez-vous. Je suis la Cible. »
Où est mon arc?

SANAE.

Nous t'avons sauvé, nous t'avons
sauvé, seigneur, quand tu mourais
étouffé sous l'or et les fleurs.
3620 Nous t'avons soustrait et caché,
risquant nos têtes. Et tu as
voulu de nouveau l'affronter,
le Lion ! Tu as de nouveau
cherché le danger et la mort.
3625 Et le morne Hadès fait toujours
ton envie.

LE SAINT.

    Hélas, Sanaé,
je t'avais élu, je t'avais
élu !

SANAE.

    Nous t'aimons, nous t'aimons,
seigneur. Tu pouvais être un dieu.

3630 Mais tu es le dieu de nos songes,
et le songe de nos jeunesses ;
car tous les nuages qui naissent
de la mer nous sont des navires
mystérieux pour t'enlever,
3635 pour t'emporter, pour faire voile
avec tes sorts vers ton empire,
vers ta fable, vers ta Colchide.
Et nous voulons, ô déicide
ivre d'immortalité, tendre
3640 à ta soif une pleine coupe
de nepenthès et d'amaranthe
pour qu'il ne te souvienne plus
des douleurs et des épouvantes
qui assiègent ton âme. Écoute,
3645 seigneur.

LE SAINT.

Pourquoi me trahis-tu ?
Je t'avais sacré. Tu étais
marqué par Dieu, du double signe.

SANAE.

Écoute, écoute. Le soir tombe.
Le fleuve est proche. Des rameurs
3650 sont prêts. Tu trouveras des voiles
ciliciennes à Ostie.

LE SAINT.

Les voiles de Paul?

SANAE.

    Et tu vas
choisir ceux de nous qui viendront
avec toi. Mais nous viendrons tous,
après. Nous ne voulons servir
que tes sorts, dans notre patrie
qui est la tienne, dans la terre
qui couve les songes des Rois
et les promesses des Voyants.

LE SAINT.

O Sanaé, comment peux-tu
espérer de troubler mon âme,
si tu sais ce que j'aurais pu
être?

SANAE.

  Un dieu prisonnier.

LE SAINT.
     Tendez,
tendez vos arcs.

SANAE.
    Rien qu'un esclave
dieu.

LE SAINT.

Je meurs de ne pas mourir,

SANAE.

Rien qu'un simulacre lointain.
Mais, si tu es sauf, si tu es
libre, si tu es fort, si tu
es pur, avec tout ton visage
3670 divin tourné vers l'Orient,
vers l'héritage de ton âme,
vers l'héritage de ton dieu,
n'auras-tu pas une plus sainte
guerre et une victoire plus
3675 grande que cette insatiable
mort?

LE SAINT.

Je meurs de ne pas mourir.

SANAE.

César a dit : « Amenez-le
au bois d'Apollon ; liez-le
au tronc du plus beau des lauriers ;
3680 puis décochez contre son corps
nu toutes vos flèches jusqu'à
ce que vous vidiez les carquois,
jusqu'à ce que son corps nu soit
pareil au hérisson sauvage. »

LE SAINT.

3685 Oui, Sanaé, oui, mes archers,
c'est ce que je veux. Ce sera
beau.

SANAE.

　　Mais César a dit : « Ensuite
coupez sa belle chevelure
et déposez-la sur l'autel,
3690 en expiation ; coupez
au laurier funeste un rameau
flexible pour me l'apporter,
pour que j'en fasse une couronne
et que, sous son ombre, je pleure.
3695 Et livrez son cadavre aux femmes
de Byblos, aux Adoniastes ;
puisque l'équinoxe d'automne
vient avec le deuil relevant
le catafalque du dieu mort.
3700 Peut-être il va revivre encore
une fois, s'il est comme Hérile
roi de Préneste, qui avait
eu de sa mère les trois âmes
et les trois armures qu'Evandre
3705 lui arracha. » Tu vas revivre,
tu vas revivre !

LE SAINT.
 Oui, je vais
revivre.

SANAE.
 Or il suffit qu'on coupe
une chevelure de femme
et qu'on apporte à l'Empereur
3710 le rameau de laurier.

LE SAINT.
 Je vais
revivre, Sanaé. J'atteste
mon souffle et le ciel que je vais
revivre ; car il est devin,
l'Empereur. Il a deviné.
3715 J'ai eu de ma mère trois âmes
et trois armures, comme Hérile
roi de Préneste. Attendez-moi.
Demain, à l'heure de Vesper,
au bord du fleuve attendez-moi,
3720 et je me montrerai à vous.
Je vous montrerai mon visage
tourné vers l'Orient. Alors
vous serez prêts. Nous trouverons
des voiles, des voiles gonflées
3725 par les vents certains, et des proues
aiguisées comme le désir
de la vie belle.

SANAE.
   Nous serons
avec toi, libres avec toi.
libres avec toi sur la mer
3730 glorieuse !

LE SAINT.
   Mais pour revivre,
ô Archers, il faut que je meure,
il faut que je meure.

LES ARCHERS D'EMESE.
      O Aimé,
Aimé !

LE SAINT.
   Il faut que mon destin
s'accomplisse, que des mains d'hommes
3735 me tuent.

LES ARCHERS D'EMESE.
  Seigneur ! Seigneur !

LE SAINT.
      Vos mains.

LES ARCHERS D'EMESE.
O Aimé !

LE SAINT.

    Vos mains fraternelles.

SANAE.

Nous brisons nos arcs.

LE SAINT.
                      Tendez-les!
Où est votre amour? Vous m'aimez,
vous brûlez de servir mes sorts,
3740 et vous empêchez que mes sorts
s'accomplissent, que cet anneau
de mon éternité se ferme.
Vous m'aimez, et vous n'exaltez
pas mon mystère. Je vous dis
3745 que je vais revivre. N'ayez
aucune crainte. En vérité
je vous le dis.

SANAE.

Seigneur, nous allons donc tuer
notre amour !

LE SAINT.

            Il faut que chacun
3750 tue son amour pour qu'il revive
sept fois plus ardent. O Archers,
Archers, si jamais vous m'aimâtes,

que votre amour je le connaisse
encore, à mesure de fer !
3755 Je vous le dis, je vous le dis :
celui qui plus profondément
me blesse, plus profondément
m'aime. Sanaé, souviens-toi !
Souvenez-vous, Elus d'Emèse !
3760 Je vous avais commis cet arc
où le fil de mon sang s'incruste
de l'une à l'autre coche et luit.
Voyez. Je sens que dans la paume
de ma main le stigmate brûle,
3765 se rouvre et saigne.

Un pasteur est apparu entre les branches des lauriers. Il porte une brebis autour de son cou, sur ses épaules, tenant deux pieds de la bête dans chacune de ses mains. Il reste debout, immobile, en silence, les yeux fixés sur le Martyr.
O tremblement
de mon âme ! Je sens mon âme
et l'arbre trembler jusqu'au bout
des racines les plus cachées.
Ne voyez-vous pas les trois femmes
3770 noires sursauter?

SANAE.
Quelles femmes,
seigneur? Tu nous effraies.

LE SAINT.

Les trois femmes voilées qui sont assises au pied de l'autel.

SANAE.

Il n'y a, seigneur, que des monceaux de cendres.
3775 Il n'y a que les vieilles cendres accumulées des sacrifices.

LE SAINT.

Elles tressaillent. Je les vois.

SANAE.

Tu te trompes. Quelle épouvante te blanchit!

Soudain, le Martyr a rencontré le regard du pasteur.

LE SAINT.

Parle bas. Ce n'est
3780 pas l'épouvante. Parle bas.
Il est là, le Pasteur. Regarde.

SANAE.

Où est-il? Quel pasteur?

LE SAINT.
              Il porte
la brebis autour de son cou,
sur ses épaules. Le vois-tu?

SANAE.

3785 Seigneur, seigneur, quels sont tes rêves?

LE SAINT.
Il n'est plus là.

L'apparition s'évanouit ; mais l'ombre du Crucifié s'étend sur le laurier fatidique. Et l'ivresse du sang durera jusqu'au dernier soupir.
              Mon sang commence
à couler, dans l'ombre qui croît.
Les lauriers sont comme les lances
hérissées autour de la Croix.
3790 Des profondeurs, des profondeurs
j'appelle votre amour, Archers !
Des profondeurs, des profondeurs
je vous appelle ! Rapprochez-
vous. La nuit tombe. Il faut qu'on mire
3795 de près, de près, pour frapper juste.
Lequel voudrai-je encore élire
d'entre vous? Celui qui ajuste
mieux que tout autre le plus âpre
de ses dards et qui le décoche

3800 de telle force (son haleine
toute entre ses dents, les empennes
contre l'œil, le pouce à la tempe)
qu'il blesse l'écorce de l'arbre
me perçant de toute la hampe.
3805 Celui-là, certes, je saurai
qu'il m'aime, qu'il m'aime à jamais.

 Chaque archer, la main tremblante, tire de dessous son épaule une flèche de son carquois.

Sanaé, tu as mon arc. Viens,
frère. Presse-le sur ma bouche,
avant de le tendre. Qu'il touche
3810 mes lèvres et mon âme. Viens.

 Sanaé s'approche et tient soulevé devant le Chef l'arc où ce fil de sublime pourpre luit comme l'ivoire et l'or.

Souviens-toi ! Souvenez-vous ! L'arc
figure la Trinité sainte.
Le fût est le Père, la corde
est l'Esprit, la flèche empennée
3815 est le Fils qui donna son sang.
Et il n'y aura plus de taches,
sauf la tache du sang tombé
des mains et des pieds du Sauveur.

 Il tend les lèvres ; et l'archer vairon lui

donne la poignée à baiser. Les lèvres pures s'attardent comme si elles buvaient à longues gorgées un plein calice. Or sa voix n'est qu'une flamme vertigineuse.

Des profondeurs, des profondeurs
3820 j'appelle votre amour, Elus !
Chaque flèche est pour le salut,
afin que je puisse revivre.
Ne tremblez pas, ne pleurez pas !
Mais soyez ivres, soyez ivres
3825 de sang, comme dans les combats.
Visez de près. Je suis la Cible.
Des profondeurs, des profondeurs
j'appelle votre amour terrible.

On entend le chœur des Adoniastes, qui monte par la colline à travers les lauriers.

Eperdument, un des archers, sous le regard qui le force, tire la corde et décoche. Le dard se fixe au genou, dans le nœud de l'os.

Béni soit le premier ! Bénie
3830 soit l'étoile première !

Une sorte de subite démence semble s'emparer des Asiatiques, par la vertu de cette voix d'ivresse.

Encore !

De leurs lèvres blêmes buvant leurs larmes, ils ne visent pas le corps mais ils lancent leurs flèches vers la voix.

Votre amour ! Votre amour !

Ils poussent des cris rauques et rompus, comme des dormants agités dans un combat aveugle contre un rêve monstrueux.

Encore !

Quelques-uns, tout à coup, laissent tomber leurs arcs, se plient sur leurs genoux ; et sanglotent, le front contre la terre.

Encore !

D'autres, tout à coup, se renversent dans une convulsion d'épouvante qui agite leurs mâchoires comme le rire sardonien.

Encore !

D'autres ont vidé leurs carquois sur l'herbe et, tenant le faisceau des dards sous le pied gauche, s'abaissent d'un mouvement rapide et continu pour les prendre l'un après l'autre. Et ils tirent désespérément, comme s'ils n'avaient pas devant eux un corps lié à un arbre mais une multitude de cavaliers à désarçonner avant qu'ils n'arrivent et ne les écrasent sous les sabots de leurs étalons.

Encore !

Cette voix demandera-t-elle du fer toujours ? Ils lancent toujours du fer, désespérés, hors d'eux-mêmes, dans une sorte d'étourdissement farouche, comme s'ils avaient sur leurs têtes, non le silence des feuilles, mais l'horreur d'une tour de siège incendiée sur ses roues tonnantes.

Amour éternel !

C'est le râle dans la gorge transpercée, le dernier soupir, le dernier sourire, le suprême appel. La belle tête s'incline sur l'épaule polie comme le marbre cynthien frotté de parfum : les ailerons d'un dard vibrent encore à l'aisselle. Le corps admirable s'affaisse, étirant les bras retenus par les liens.

LES ARCHERS D'EMESE.

— Seigneur !
— Bien-aimé !
— Seigneur !
— Bien-aimé !
— Bien-aimé !

Ils appellent à grands cris leur amour expirant. Ils jettent leurs arcs, ils se tordent de désespoir, ils se traînent sur l'herbe jusqu'aux deux pieds inanimés, qu'ils baisent. Leurs chevelures s'accrochent aux empennes des hampes enfoncées dans les jeunes muscles.

Et le chant des Adoniastes s'approche toujours. Maintenant le soir est céruléen comme le verre de Phénicie coloré par l'ocre bleue de Chypre. Des raies fauves le divisent ; les noirs lauriers l'entaillent. On voit paraître les femmes de Byblos, les cheveux épars, les ceintures dénouées, les robes déchirées, traînant une litière d'ébène et de **pourpre violette**.

CHORVS SYRIACVS.

⁸³³⁵ Il se meurt, le bel Adonis ! *Magister*
Il est mort, le bel Adonis ! *Claudius*
sonum
O Vierges, pleurez Adonis ! *dedit.*
Garçons, pleurez !

Pleurez, ô femmes de Syrie,
⁸³⁴⁰ criez : « Hélas, ma Seigneurie ! »
Toutes les fleurs se sont flétries.
Criez, pleurez !

D'autres femmes accourent. Elles portent des draps de pourpre rouge, des lins, des bandelettes, des vases d'onguents, des couronnes de cyprès, des « jardins d'Adonis ». Elles entourent le laurier, elles s'empressent à défaire les nœuds des cordes. La lamentation se prolonge. Les couveuses de cendres ont disparu ; et au pied de l'autel ne restent que les monceaux noirâtres.

LES ADONIASTES.

Hélas, ma Seigneurie ! Hélas,
ma Seigneurie !

LES ARCHERS D'EMESE.

— Hélas !

— Hélas !

3845 — Qu'avons-nous fait !

— Qu'avons-nous fait !
SANAE.

Nous avons tué notre amour !

LES ARCHERS D'EMESE.

— Il va revivre.

— Il va revivre.
— Femmes, doucement, doucement.
— Il faut le délier.

— Il faut
3850 le détacher de l'arbre.

— Femmes,
doucement.

— Il respire encore.
— Ne pleurez pas !

— Voyez, voyez
comme sa poitrine se gonfle !
— Il respire, il soupire.

— Femmes,
3855 ne pleurez pas. Il va revivre.
— Il va revivre. Il nous l'a dit.
— Il nous l'a dit.

— Donnez des baumes.
donnez des lins !

Les cordes sont dénouées. Les bras retombent. La lamentation se prolonge.

CHORVS SYRIACVS.

Pleurez, ô femmes de Syrie !
3860 Il va dans la pâle Prairie.
Toutes les fleurs se sont flétries,
hélas ! Pleurez !

Tout à coup, les femmes qui reçoivent le corps dans leurs bras, voient les flèches s'évanouir comme des rayons dans les blessures. C'est le tronc du laurier d'Apollon qui maintenant est hérissé de tout ce fer.

LES ADONIASTES.

— Prodige !
    — Prodige !
        — Prodige !
— Son corps se détache, laissant
3865 tous les dards au tronc du laurier !
— Il n'a plus de flèches ! Les hampes
ont disparu dans les blessures
comme un évanouissement
de rayons !
    — Elles restent toutes
3870 dans l'arbre !
    — Prodige ! Voyez :
le laurier en est hérissé.
— Voyez !
    — Seigneurie, Seigneurie,

tu revivras, tu revivras !
— Tu reviendras !

SANAE.

3375 Archers, Archers, Elus d'Emèse,
qu'on soulève le corps du Chef
sur les fûts des arcs détendus
et croisés. Qu'on le porte ainsi,
sous les étoiles.

Les femmes de Byblos ont déjà reçu sur leurs bras le corps divin enveloppé dans la pourpre. Elles marchent lentement vers la litière. Au delà de la colline sainte, dans la profondeur du soir, une clarté de perle se répand, semblable à celle qui précède le lever de la pleine lune.

LES ADONIASTES.

3380 — Archers d'Emèse, nous avons
notre litière, la litière
d'ébène, la couche funèbre
de nos Adonies.
         — Sanaé,
le très saint Empereur accorde
3385 à la confrérie de Byblos
d'enlever le corps, de dresser
le catafalque pour le deuil.
Et nous le coucherons dans notre

litière, et nous l'emporterons,
aux sons des flûtes, dans la nuit.
Faites escorte.
— Qu'on allume
les torches de pin ! Qu'on compose
l'ordonnance funèbre ! Et vous,
aulètes, rangez-vous auprès
de la litière.

Les femmes placent le cadavre dans la couche, en gémissant. La lamentation du chœur n'a pas de pauses.

CHORVS SYRIACVS.

Il descend vers les Noires Portes.
Tout ce qui est beau, l'Hadès morne
l'emporte. Renversez les torches,
Eros ! Pleurez !

Dans le ciel du soir la clarté insolite s'élargit comme si un astre précipité du firmament s'approchait pour incendier la plaine. Un grand cri se lève. La lamentation s'interrompt. L'ordonnance funèbre s'arrête, et demeure immobile devant le gouffre de la lumière ineffable. Les Portes du Paradis sont ouvertes à l'âme de Sébastien.

EXPLICIT

EXTREMVM   SANCTI   SEBASTIANI
SVPPLICIVM CRVENTVM

LA CINQUIEME MANSION

LE PARADIS

N découvre le jardin des clartés et des béatitudes, à l'orée de l'Orient qui produit tous les levers du soleil. Parmi les arbres du jardin, il y en a qui ressemblent à la grêle transparente, d'autres qui ressemblent à un vent ondoyant, d'autres qui ressemblent aux grappes des eaux vives. On y trouve toutes sortes de belles choses, que l'œil n'a jamais vues et que l'oreille n'a jamais entendues, qui ne montent pas au cœur de l'homme, et que Dieu a préparées pour ceux qui l'aiment. On y voit des tabernacles de pyrope, des vêtements de lumière, des diadèmes de beauté. Il y a aussi des lances flamboyantes, des boucliers étincelants, des épées, des javelots et des dards de rais, des haches et des frondes de feu. Là aussi sont les croix lumineuses, les ostensoirs et les encensoirs d'or, de saphir, de jaspe, de calcédoine, de topaze, d'améthyste et de sardyon. On n'y

distingue les Bienheureux que par le nombre
et la couleur des étincelles qui s'envolent d'eux
quand ils ouvrent la bouche pour louer le
Très-Haut. On y reconnaît, au nombre des
ailes et au son des parlers, les diverses sortes
des Anges. Les premiers sont les Anges de la
Face, qui seuls peuvent soutenir l'éclat de la
Face de Dieu ; ensuite viennent les Anges du
service divin, les Trônes, les Dominations, les
Seigneurs, les Ardeurs, les Puissances, les
Myriades, les Princes, et bien d'autres. De
même leurs louanges sont différentes. Il y en a
trois sortes qui disent : « Saint », trois qui
disent : « Loué », trois qui disent : « Béni »
et trois qui disent ce que ne peut entendre
l'oreille d'un mortel.

CHORVS MARTYRVM.

3900 Gloire ! Sous nos armures
flamboyez, ô blessures !
Qui est celui qui vient ?
Le Lys de la cohorte.
Sa tige est la plus forte.
3905 Louez le nom qu'il porte :
Sébastien !

*Magister
Claudius
sonum
dedit
usque
ad finem.*

CHORVS VIRGINVM.

Tu es loué. L'étoile
de loin parle à l'étoile
et dit un nom : le tien.
3910 Dieu te couronne. Toute

la nuit comme une goutte
à ton front est dissoute,
Sébastien.

CHORVS APOSTOLORVM.

Tu es saint. Qui te nomme
3915 verra le Fils de l'Homme
(sur son cœur Il te tient)
sourire de ta grâce.
Jean t'a donné sa place.
Tu boiras dans sa tasse,
3920 Sébastien.

CHORVS ANGELORVM.

Tu es beau. Prends six ailes
d'Ange et viens dans l'échelle
des Feux musiciens
chanter l'hymne nouvelle
3925 au Ciel qui se constelle
de tes plaies immortelles,
Sébastien.

ANIMA SEBASTIANI.

Je viens, je monte. J'ai des ailes.
Tout est blanc. Mon sang est la manne
3930 qui blanchit le désert de Sin.
Je suis la goutte, l'étincelle

et le fétu. Je suis une âme,
Seigneur, une âme dans ton sein.

CHORVS SANCTORVM OMNIVM.

Louez le Seigneur dans l'immensité de sa force.
₃₉₃₅ Louez le Seigneur sur le tympanon et sur l'orgue.
Louez le Seigneur sur le sistre et sur la cymbale.
Louez le Seigneur sur la flûte et sur la cithare.
Alleluia.

EXPLICIT MYSTERIVM.

www.ingramcontent.com/pod-product-compliance
Lightning Source LLC
Chambersburg PA
CBHW070756170426
43200CB00007B/803